한국어-외국어 병렬 말뭉치 구축을 위한 번역 지침

TRANSLATION GUIDELINES FOR BUILDING
A KOREAN-FOREIGN LANGUAGE PARALLEL CORPUS

이 책은 국립국어원의 '2021년 한국어-외국어 병렬 말뭉치 구축 사업' 및 '2022년 한국어-외국어 병렬 말뭉치 구축 사업'의 성공적 수행을 위해 제작되었습니다.

한국어-외국어 병렬 말뭉치 구축 사업단

연구 책임자
이정희(경희대 교수)

전임 연구원
김연희, 동소현, 문진숙, 박지민, 이두용, 전지연, 정성호, 지화숙, 한재민, 홍세화

공동 연구원
김종민(경희대), 박진욱(대구가톨릭대), 이동규(고려대), 이동은(국민대), 이수미(성균관대),
이영준(한국학중앙연구원), 임채훈(숭실대), 조남호(명지대), 최문석(경희대), 최홍열(강원대)

검수팀장
Nguyen Vinh Tuong(영남대 박사), Florian Carolus Horatianus(경희대 박사), Margareth Theresia(경희대 박사수료),
Simuang Kewalin(한국외대 교수), Kumar Srijan(부산외대 교수), Pok Visalboth(연세대 박사수료), Mang Chamreoun(경희대 박사),
Bae Kyungmin(필리핀국립대 교수), Maria Concepcion Chua(필리핀국립대 강사), Viktoriya Vitalevna Kim(경희대 박사수료),
Kalanova Dilnoza(호남대 교수), Yuldasheva Shakhlo Gulamovna(한국외대 석사)

감수 교수 및 외국어 자문 위원
Nguyen Thi Phuong Mai(호찌민국립인문사회과학대 교수), Do Thanh Thao Mien(베트남외교아카데미 교수),
Bae Yang Soo(부산외대 교수), Lee Kyesun(탕롱대 교수), Eva Latifah(인도네시아국립대 교수), Yang En Siem Evelyn(한국외대 강사),
Kanokwan Sarojna(부라파대 교수), Parit Yinsen(송클라대 교수), Park Kyungeun(한국외대 교수),
Neerja Samajdar(자와할랄네루대 교수), Vyjayanti Raghavan(자와할랄네루대 교수), Kim Do young(국립자미아밀리아이슬라미아대학교),
Klot Chandeka(왕립프놈펜대 교수), Aldrin Padul Lee(필리핀국립대 교수), Kim Dong-Yeob(부산외대 교수),
Mozol Tatiana(모스크바국립외대 교수), Pak Antonina(우신스키국립사범대 교수), Choi Moon Jeong(한림대 교수),
Yunusova Gulshoda(타슈켄트국립동방대 교수), Abbasova Dilfuza(타슈켄트국립동방대 교수), Sung Dongki(인하대 교수)

한국어-외국어 병렬 말뭉치 구축을 위한 번역 지침

발행일 1판 1쇄 2023년 3월 2일
엮 음 한국어-외국어 병렬 말뭉치 구축 사업단

펴낸이 박민우 | 기획팀 송인성, 김선명, 김선호 | 편집팀 박우진, 김영주, 김정아, 최미라, 전혜련
관리팀 임선희, 정철호, 김성언, 권주련 | 펴낸곳 (주)도서출판 하우

주소 서울시 중랑구 망우로68길 48 | 전화 (02)922-7090 | 팩스 (02)922-7092
홈페이지 http://www.hawoo.co.kr | e-mail hawoo@hawoo.co.kr | 등록번호 제475호
값 23,000원   ISBN 979-11-6748-090-3 93710

* 이 책의 저자와 (주)도서출판 하우는 모든 자료의 출처 및 저작권을 확인하고 정상적인 절차를 밟아 사용하였습니다. 일부 누락된 부분이 있을 경우에는 이후 확인 과정을 거쳐 반영하겠습니다.
* 이 책은 저작권법에 따라 보호받는 저작물이므로 무단 전재와 무단 복제를 금지하며, 이 책 내용의 전부 또는 일부를 이용하려면 반드시 저작권자와 (주)도서출판 하우의 서면 동의를 받아야 합니다.

이 책은 국립국어원의 '2021년 한국어-외국어 병렬 말뭉치 구축 사업' 및 '2022년 한국어-외국어 병렬 말뭉치 구축 사업'의 성공적 수행을 위해 제작되었습니다.

한국어-외국어
병렬 말뭉치 구축을 위한
번역 지침

TRANSLATION GUIDELINES FOR BUILDING
A KOREAN-FOREIGN LANGUAGE PARALLEL CORPUS

· · · · · ·

한국어-외국어 병렬 말뭉치 구축 사업단 엮음

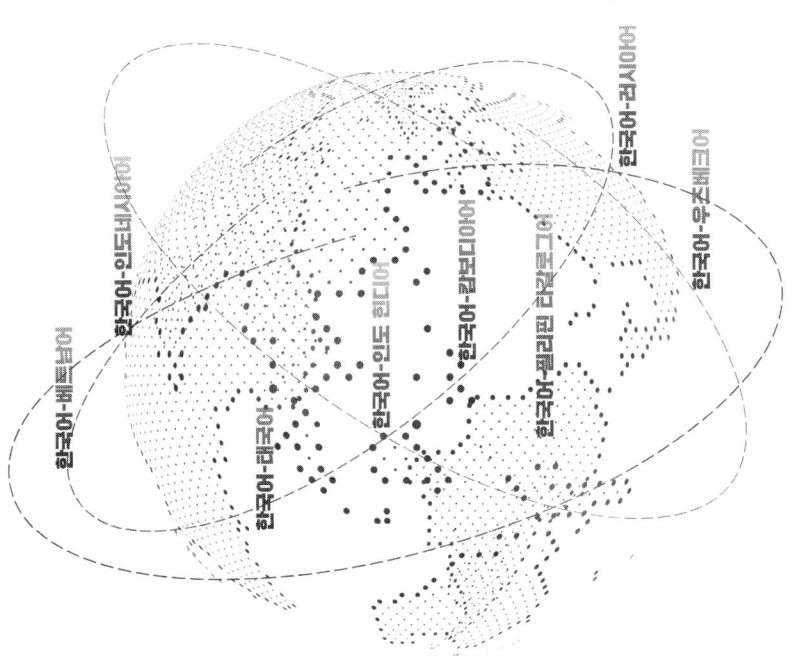

머리말

이 책은 문화체육관광부 국립국어원의 주관 아래 시행된 '2021년 한국어-외국어 병렬 말뭉치 구축 사업' 및 '2022년 한국어-외국어 병렬 말뭉치 구축 사업'의 성공적 수행을 위해 관련 전문가들이 머리를 맞대고 고민한 결과를 묶은 것입니다. (사)국제한국어교육학회와 (주)플리토가 컨소시엄으로 구성된 '한국어-외국어 병렬 말뭉치 구축 사업단'에서는 자동 번역 등 언어 문화 산업을 활성화하고자 한국어를 8개 언어로 번역한 병렬 말뭉치를 구축하고 있습니다. 8개 언어는 베트남어, 인도네시아어, 태국어, 인도 힌디어, 캄보디아어, 필리핀 타갈로그어, 러시아어, 우즈베크어입니다. 사업단에서는 1차와 2차 사업을 통해 총 2천만 어절 규모의 병렬 말뭉치를 구축하였습니다.

이러한 병렬 말뭉치를 구축하는 과정에서 한국어를 8개 언어로 정확하고 일관되게 번역하기 위해 본 번역 지침을 마련하였습니다. 그리고 한국어 원문의 명료성을 제고하고 번역을 용이하게 하기 위해 원문 정제 지침도 마련하였습니다. 번역 지침은 문화체육관광부 훈령 제448호 '공공 용어의 외국어 번역 및 표기 지침'을 바탕으로 8개 언어의 특징과 각 언어의 관련 규범 및 번역 관례를 참고하였고, 한국어 원문 정제 지침은 한글 맞춤법 등의 한국어 어문 규정과 표준국어대사전 및 국립국어원의 여러 자료를 참고하였습니다. 다만 이 8개 언어 번역 지침과 한국어 원문 정제 지침은 본 사업에 특화된 지침으로서 인공지능 학습용 데이터 구축에 적용되는 내용이라고 할 수 있습니다.

이 책의 내용은 크게 두 가지로 나뉩니다. 하나는 한국어 원문을 정제하기 위한 지침이고, 다른 하나는 한국어를 8개 언어로 번역하는 데 적용하는 번역 지침들입니다. 이 지침들은 사업단에 참여한 많은 연구진이 공동으로 이뤄 낸 결과물입니다. 한국어 원문 정제 지침은 사업단의 전임 연구원들이 집필하고 조남호 명지대 교수를 비롯한 공동 연구원들이 감수하였습니다. 한국어-외국어 번역 지침의 총칙과 공통 지침은 전임 연구원들이 집필하고 이동은 국민대 교수를 비롯한 공동 연구원들이 감수하였습니다. 베트남어 번역 세부 지침은 웬빈뜨엉 선생님이 집필하고 응웬티프엉마이 호찌민시국립대 교수와 도타인타오미엔 베트남외교아카데미 교수, 배양수 부산외대 교수, 이계선 탕롱대 교수가 감수하였습니다. 인도네시아어 번역 세부 지침은 플로리안 후타갈룽 선생님과 마가렛 테레시아 선생님이 집필하고, 에바 라티파 인도네시아국립대 교수와 양은심 에블린 한국외대 교수가 감수하였습니다. 태국어 번역 세부 지침은 시무앙 케와린 한국외대 교수가 집필하고 카노크완 사로즈나 부라파대 교수와 빠릿 인센 송클라대 교수 및 박경은 한국외대 교수가 감수하였습니다. 인도 힌디어 번역 세부 지침은 스리잔 꾸마르 부산외대 교수가 집필하고, 니르자 사마즈달 자와할랄네루대 교수와 비자연티 라가반 자와할랄네루대 교수 및 김도영 국립자미야밀리야이슬라미야대 교수가 감수하였습니다. 캄보디아어는 복 위살봇 선생님과 망점란 선생님이 집필하고 클롯 잔데카 왕립프놈펜대 교수가 감수하였습니다. 필리핀 타갈로그어는 알드린 리 필리핀국립대 교수와 배경민 필리핀국립대 교수 및 마리아 콘셉숀 츄아 필리핀국립대 강사가 집필 및 감수하였습니다. 러시아어는 빅토리아 비탈레브나 김 선생님이 집필하고 모졸 따지아나 모스크바국립외대 교수와 박안토니나 우신스키국립사범대 교수 및 최문정 한림대 교수가 감수하였습니다. 우즈베크어는 갈라노바 딜노자 호남대 교수와 율다세와 샤흘로 선생님이 집필하고, 유누소바 굴쇼다 타슈켄트국립동방대 교수와 아바조바 딜푸자 타슈켄트국립동방대 교수 및 성동기 인하대 교수가 감수하였습니다. 그 밖에도 각 언어권의 번역 검수원들과 (주)플리토 언어전문가들의 참여와 검토가 있었습니다.

아무리 좋은 번역 알고리듬이 존재하더라도 고품질 언어 데이터 없이는 만족스러운 번역 결과를 이끌어 낼 수 없습니다. 우리 사업단은 이 지침들을 바탕으로 한국어 원문을 정제하고 아직 언어 데이터가 부족한 8개 언어의 번역, 검수, 감수를 체계적으로 진행하여 고품질 병렬 말뭉치 데이터를 구축하고 있습니다. 이렇게 구축된 말뭉치를 인공지능이 학습함으로써 더욱 우수한 기계 번역 결과를 제공하여 국가 간 교류, 교육, 산업 등 다양한 분야에서 활용될 것입니다.

앞서 밝혔듯이 이 책은 문화체육관광부 국립국어원의 병렬 말뭉치 구축 사업에서 출발하였습니다. 데이터가 국가의 경쟁력이 되는 시대에 발맞추어 사업을 기획하고 추진해 주신 국립국어원에 깊이 감사드립니다. 끝으로 이 책을 출판하는 데 도움을 주신 (주)도서출판 하우의 박민우 대표와 송인성 팀장님께 감사의 말씀을 드립니다.

2023년 3월 2일
한국어-외국어 병렬 말뭉치 구축 사업단
연구 책임자 이정희

차례

머리말   4

I. 한국어-외국어 병렬 말뭉치 구축을 위한 외국어 번역 지침   13

제1장 한국어-외국어 번역 총칙   15
- 제1절 목적   16
- 제2절 용어의 정의   16
- 제3절 적용 범위 및 저작권 부호   18
- 제4절 지침 적용 절차   18

제2장 한국어-외국어 번역 공통 지침   19
- 제1절 기본 원칙   20
- 제2절 고유 명사   22
- 제3절 어휘 및 표현   29
- 제4절 문법 및 담화   35
- 제5절 표기법   38
- 제6절 참고 자료   40

제3장 한국어-베트남어 번역 세부 지침   57
- 제1절 기본 원칙   58

제2절 고유 명사　　　　　　　　　　　　60
　　제3절 어휘 및 표현　　　　　　　　　　66
　　제4절 문법 및 담화　　　　　　　　　　71
　　제5절 표기법　　　　　　　　　　　　　73
　　제6절 참고 자료　　　　　　　　　　　76

　제4장 한국어-인도네시아어 번역 세부 지침　83
　　제1절 기본 원칙　　　　　　　　　　　　84
　　제2절 고유 명사　　　　　　　　　　　　87
　　제3절 어휘 및 표현　　　　　　　　　　94
　　제4절 문법 및 담화　　　　　　　　　　103
　　제5절 표기법　　　　　　　　　　　　　107
　　제6절 참고 자료　　　　　　　　　　　114

　제5장 한국어-태국어 번역 세부 지침　127
　　제1절 기본 원칙　　　　　　　　　　　　128
　　제2절 고유 명사　　　　　　　　　　　　130
　　제3절 어휘 및 표현　　　　　　　　　　137
　　제4절 문법 및 담화　　　　　　　　　　144
　　제5절 표기법　　　　　　　　　　　　　148
　　제6절 참고 자료　　　　　　　　　　　150

제6장 한국어-인도 힌디어 번역 세부 지침   163
제1절 기본 원칙   164
제2절 고유 명사   166
제3절 어휘 및 표현   173
제4절 문법 및 담화   180
제5절 표기법   185
제6절 참고 자료   187

제7장 한국어-캄보디아어 번역 세부 지침   195
제1절 기본 원칙   196
제2절 고유 명사   198
제3절 어휘 및 표현   204
제4절 문법 및 담화   210
제5절 표기법   216
제6절 참고 자료   218

제8장 한국어-필리핀 타갈로그어 번역 세부 지침   221
제1절 기본 원칙   222
제2절 고유 명사   224
제3절 어휘 및 표현   234
제4절 문법 및 담화   245
제5절 표기법   253
제6절 참고 자료   254

제9장 한국어-러시아어 번역 세부 지침   267
제1절 기본 원칙   268
제2절 고유 명사   270
제3절 어휘 및 표현   276
제4절 문법 및 담화   283
제5절 표기법   287
제6절 참고 자료   289

제10장 한국어-우즈베크어 번역 세부 지침   293
제1절 기본 원칙   294
제2절 고유 명사   296
제3절 어휘 및 표현   300
제4절 문법 및 담화   305
제5절 표기법   308
제6절 참고 자료   310

II. 한국어-외국어 병렬 말뭉치 구축을 위한 한국어 원문 정제 지침   319

제1장 목적 및 방향   320
제1절 목적   320
제2절 정제 기본 방향   320

제2장 정제 절차   323
- **제1절** 1차 정제(기계 정제)   323
- **제2절** 2차 정제(인적 보완 정제)   324
- **제3절** 3차 정제(전문가 정제)   324
- **제4절** 보완 정제   324

제3장 세부 정제 기준   325
- **제1절** 한국어 어문 규범에 따른 정제   325
- **제2절** 의미/내용/맥락에 따른 정제   333
- **제3절** 개인 정보 및 비윤리적 내용 처리   334
- **제4절** 원문 명류화 및 외국어 번역을 고려한 조치   336
- **제5절** 기타   338
- **제6절** 참고 자료   342

참고 문헌   346

I

한국어-외국어 병렬 말뭉치 구축을 위한
외국어 번역 지침

총칙

제1장
한국어-외국어 번역 총칙

제1장

한국어-외국어 번역 총칙

제1절 목적

- 이 지침의 목적은 한국어와 외국어의 병렬 말뭉치 구축을 위해 다국어 번역 및 검수에 관한 기본 규칙을 제시함으로써 타당성과 효율성을 도모하고 일관된 번역이 이뤄지도록 하는 것이다.

제2절 용어의 정의

1. 출발어와 도착어

- 한국어-외국어 병렬 말뭉치 구축 사업에서 '출발어(Source Language)'는 한국어이고, '도착어(Target Language)'는 8개 외국어(베트남어, 인도네시아어, 태국어, 인도 힌디어, 캄보디아어, 필리핀 타갈로그어, 러시아어, 우즈베크

어)이다.

2. '음역(音譯)'은 한국어의 발음을 그대로 살려 표기하는 것을 뜻한다. 한국어의 로마자 표기법 또는 도착어의 한국어 음역 표기 기준에 따라 일관되게 표기하는 것이 원칙이다.

3. '의미역(意味譯)'은 용어의 의미를 살려 번역하는 것을 뜻한다.

4. '전부(前部) 요소'는 2개 이상의 요소가 조합된 한국어 명칭에서 유래와 특징 등 개별적이고 고유한 특성을 나타내는 명칭의 앞부분을 뜻한다. 전부 요소는 42쪽의 [별표 1] 로마자 표기법 또는 각 도착어의 한국어 음역 표기 기준에 따라 표기하는 것이 원칙이다.

5. '후부(後部) 요소'는 2개 이상의 요소가 조합된 한국어 명칭에서 유형과 실체 등 일반적이고 보편적인 특성을 나타내는 명칭의 뒷부분을 뜻한다. 후부 요소에 대한 외국어 번역어는 48쪽 [별표 2]를 참고할 수 있다.

제3절 적용 범위 및 저작권 보호

1. 이 지침은 외국어-한국어 병렬 말뭉치 구축 사업에서 수행하는 번역, 검수, 감수 작업에 적용한다.
2. 이 지침은 저작권법의 보호를 받으므로 본 사업단과의 별도 협의 없이 어떠한 형태로도 복제 및 배포하는 것을 금지한다.

제4절 지침 적용 절차

1. 공식 규정이나 표준 번역 용례가 이미 존재하는 경우 그를 따르고, 그렇지 않은 경우 본 지침을 따른다.
2. 제2장 공통 지침을 바탕으로 번역하되, 언어별 특성에 따라 공통 지침과 상충하는 사항은 제3장~제10장 언어별 세부 지침을 따른다.
3. 공식 규정, 표준 번역 용례, 본 지침에서 명시하지 않은 사항은 도착어 사용 지역의 관용 표기나 표현을 사용할 수 있다.
4. 기준이 서로 대립하거나 번역 용례와 표기가 다수일 경우, 활용성과 범용성이 큰 쪽을 선택한다. 이때 신뢰도가 높은 공공 기관에서 사용하는 용례나 표기 또는 한국어-외국어 사전 등에서 빈도수가 높은 사례를 참고한다.
5. 위 기준에 따라 번역 시 오히려 내용 이해가 어려워지거나 부자연스러워지는 등 합리적 사유가 있을 경우, 이 기준과 다른 표기나 표현을 사용할 수 있다.

공통

제2장
한국어-외국어 번역 공통 지침

제2장
한국어-외국어 번역 공통 지침

제1절 기본 원칙

제1항 의미의 정확성

1. 원문과 번역문이 의미상으로 1:1 대응, 즉 등가성(equivalence)을 이루어야 한다. 원문의 맥락적 의미와 기능을 고려하여 정확하게 번역한다.

2. 의미상 불필요한 첨가와 누락, 내용의 불일치에 주의한다. 다만, 도착어의 문법적 특징이나 맥락적 필요에 따라 한국어의 주어 등을 보충하여 번역할 수 있다.

3. 중의적 표현의 경우, 맥락을 파악하여 정확한 의미로 번역한다. 특히 수식어가 수식하는 대상, 부정(否定) 표현이 부정하는 대상, 한국어 동음어와 다의어의 의미 파악, 번역 가능한 유의어의 적절한 선택 등을 고려하여

적절히 번역한다.

출발어	도착어	적합 여부
세종 대왕은 1443년에 훈민정음을 창제하였다.	King Sejong created the Hunminjeongeum in 1443.	O
	King Sejong created the Korean script which was completed in 1443 and published a few years later in 1446.	X (내용 첨가)

제2항 맥락의 실제성

1. 원문의 목적, 기능, 의도, 상황 등을 고려하여 적절하게 번역한다.
2. 직역을 원칙으로 하되, 직역이 어색한 경우 원문의 의미에 충실하고 현지에서 실제로 사용하는 자연스러운 표현으로 의역한다.
3. 존댓말–반말, 격식체–비격식체 등의 경우, 원문의 성격과 맥락을 파악하여 번역한다. 불특정 다수에게 사용되는 문장은 중립적이거나 정중한 표현으로 번역한다.

제3항 문체의 적절성

1. 구어체–문어체, 격식체–비격식체의 차이가 드러날 경우 이를 고려하여 번역한다.
2. 일상 대화, 시나리오나 대본, 신문 기사 등의 장르적 특성이 드러날 경우, 도착어에서도 되도록 이를 반영하여 번역한다.
3. 격식성이나 공손성, 기타 문체 등이 불분명한 경우 되도록 중립적인 방향 또는 정중한 방향으로 번역한다.

제2절 고유 명사

1. 도착어에 대응하는 번역어가 없는 고유 명사는 음역한다.
2. 고유 명사의 음역은 로마자 표기법 또는 도착어의 한국어 음역 표기 기준에 따라 음역한다. 필요시 유형이나 속성을 나타내는 후부 요소를 도착어로 의미역하여 추가 표기할 수 있다.
3. 한국어의 로마자 표기법은 42쪽 [별표 1]과 같다. 공식 한국어 음역 표기 기준이 없는 언어권의 경우 한국의 로마자 표기법과 외래어 표기법 및 아래 지침을 준용하여 언어별 세부 지침에서 설정한 후, 그 기준에 따라 번역 및 표기한다.
4. 한국어가 아닌 외국어 고유 명사의 경우, 원래 언어를 바탕으로 도착어의 관련 규범이나 관용에 따라 적절하게 번역 및 표기한다.

제1항 인명

1. 한국어 인명은 성명 전체를 한국의 로마자 표기법 또는 도착어의 한국어 음역 표기 기준에 따라 표기하는 것을 원칙으로 한다.
2. 한국어 인명은 성과 이름의 순서로 띄어 쓴다. 이름은 붙여 쓰는 것을 원칙으로 하고, 음절 사이에 붙임표(-)를 쓰는 것을 허용한다. 이름에서 일어나는 음운 변화는 표기에 반영하지 않는다.

출발어	원칙	허용
한복남	Han Boknam	Han Bok-nam
이빛나	Lee Bitna	Lee Bit-na

3. 다만, 인명은 공식 표기법을 따르지 않고 그동안 써 오던 관용 표기를 존중하여 사용할 수 있다.

제2항 기관명과 상품명

1. 기관명, 단체명, 기업명 및 상품명 등은 해당 기관이나 기업이 쓰는 공식 영어 표기 또는 도착어 사용 지역의 관용 표기를 사용하는 것이 원칙이다.
2. 그 외의 경우 제3항 인공 지명의 표기를 준용한다.
3. 대문자와 소문자를 구별하는 언어의 경우, 단어별 첫 글자를 대문자로 쓴다. 단, 기관/기업/상품의 특별한 표기 방식이 있다면 이를 따른다.

구분	출발어	도착어
기관명	문화체육관광부	Ministry of Culture, Sports and Tourism
	국가인권위원회	National Human Rights Commission
기업명	한국전력공사	Korea Electric Power Corporation
	현대	Hyundai
상품명	갤럭시	Galaxy
	아이폰	iPhone
	샤넬	CHANEL

제3항 인공 지명

1. 인공 지명은 시장, 공원, 건물, 저수지, 교통시설 등 인간이 만든 구조물이나 시설물의 이름을 뜻한다.
2. 전부 요소는 음역하여 표기하고, 후부 요소는 의미역으로 제시한다. 지명 후부 요소 의미역은 48쪽 [별표 2]를 참고한다. 다만, 도착어 사용 맥락에 따라 관용 표기 방식을 사용할 수 있다.

> **예**
>
> 한 동대문 시장 → 영 Dongdaemun Market
> 한 보라매 초등학교 → 영 Boramae Elementary School
> 한 예당 저수지 → 영 Yedang Reservoir

3. 단, 후부 요소가 다리를 뜻하는 '–교(橋)', '대교(大橋)'인 경우, 한국어 명칭 전체(전부+후부)를 음역 표기한 뒤, 후부 요소의 의미역을 '추가' 표기하는 것을 원칙으로 한다. 다만, 도착어 사용 맥락에 따라 관용 표기 방식을 사용할 수 있다.

> **예**
>
> 한 경천교 → 영 Gyeongcheongyo Bridge
> 한 광안 대교 → 영 Gwangandaegyo Bridge

제4항 행정 구역명

1. 행정 구역명에서 고유 명사 부분은 한국의 로마자 표기법 또는 도착어의 한국어 음역 표기 기준에 따라 표기한다.

2. 전부 요소인 행정 구역의 명칭과 후부 요소인 행정 구역의 단위 사이에는 붙임표(-)를 사용하되, 붙임표(-) 앞뒤에서 일어나는 음운 변화는 표기에 반영하지 않는다. 붙임표를 쓰지 않는 언어는 생략 가능하다.

3. 행정 구역 단위는 아래와 같이 음역 표기한다. '시, 군, 읍'은 단위를 생략할 수 있고, '시, 도'는 맥락에 따라 음역 대신 의미역(예 City, Province 등)으로 제시할 수 있다. 다만, 행정 구역명 표기 방식은 각 도착어의 관용 표기 방식을 사용할 수 있다.

출발어	로마자	출발어	로마자
도	-do	시	-si
군	-gun	구	-gu
읍	-eup	면	-myeon
리	-ri	동	-dong

예

- 한 인왕리 → 영 Inwang-ri
- 한 충청북도 → 영 Chungcheongbuk-do
- 한 서울시 → 영 Seoul / Seoul City
- 한 경기도 → 영 Gyeonggi Province

제5항 도로명

1. 도로명 중 '-대로', '-로', '-길(번길)'은 로마자 표기법에 따라 각각 '-daero', '-ro', '-gil(beon-gil)'로 표기하거나 도착어 한국어 음역 표기 기준에 따라 표기한다.

2. 다만, '고속도로'를 'Expressway'로 번역하듯이 도착어 사용 맥락에 따라 의미역할 수 있다.

출발어	도착어
세종대로	Sejong-daero
강변북로	Gangbyeonbuk-ro
서간도길	Seogando-gil
서해안 고속도로	Seohaean Expressway

3. 주의: 도로명에 포함된 인공 지명은 제3항 인공 지명 표기 원칙처럼 후부 요소를 의미역으로 하지 않고, 인공 지명 전체(전부+후부)를 로마자로 표

기하는 것이 원칙이다. 다만, 도착어 사용 맥락에 따라 관용 표기 방식을 사용할 수 있다.

출발어	도착어	적합 여부
남산공원길	Namsan Park-gil	X
	Namsangongwon-gil	O
당진시장길	Dangjin Market-gil	X
	Dangjinsijang-gil	O

제6항 자연 지명

1. 자연 지명은 자연적으로 형성된 곳으로 산, 고개, 섬, 강, 호수 등을 뜻한다.

2. 한국어 지명 전체(전부+후부)를 음역하여 표기한 뒤, 후부 요소를 의미역하여 '추가' 표기하는 것을 원칙으로 한다.

3. 지명 후부 요소 의미역은 48쪽 [별표 2]를 참고한다. 용어를 표제어로 사용할 경우, 후부 요소 의미역의 첫 글자는 대문자로 쓴다.

출발어	도착어
금강	Geumgang River
완도	Wando Island
남산	Namsan Mountain
속리산	Songnisan Mountain
장산곶	Jangsangot Cape

4. 다만, 그동안 써 오던 관용 표기를 사용할 수 있다.

> **예**
>
> 한 한강 → 영 Hangang River, 관용 Han River

제7항 문화유산명 및 예술 작품명

1. 문화유산명의 번역 및 표기는 '문화재 명칭 영문 표기 기준 규칙'을 준용한다.
2. 문화유산 명칭 전체(전부+후부)를 음역 표기한 뒤, 후부 요소의 의미역을 추가한다. 다만 그동안 써 오던 관용 표기나 표현을 사용할 수 있다.
3. 책, 그림, 노래, 영화와 같은 예술 작품명은 제목 전체를 로마자나 도착어로 음역 표기한다. 통용되는 의미역이 있을 경우, 그것으로 대체할 수 있다.

구분	출발어	도착어	적합 여부
문화재명	종묘	Jongmyo Shrine	O
	불국사	Bulguksa Temple	O
예술 작품명	삼국사기	Samguksagi	O
	세한도	Sehando	O (음역)
		Winter Scene	O (의미역)

제8항 음식명

1. 한국 고유의 음식명은 전체를 로마자 표기법 또는 도착어의 한국어 음역 표기 기준에 따라 음역하는 것이 원칙이다. 단, 맥락에 따라 통용되는 의미역으로 대체할 수 있다.

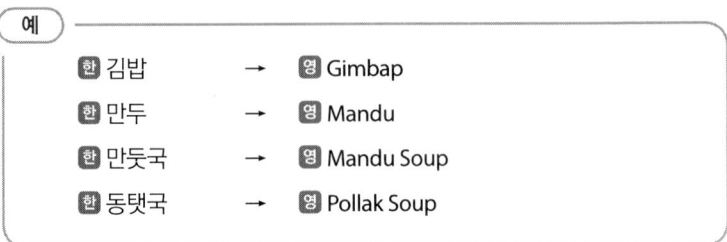

2. 도착어 사용 지역에서 이미 널리 알려진 음식명은 로마자 표기법이나 도착어의 공식 음역 표기 기준을 따르지 않는 표기를 사용할 수 있다.

3. 음식명의 의미역은 재료명, 맛, 조리법, 형태 중 특징적인 요소를 드러내어 간결하게 번역한다. 음식명 의미역은 50쪽 [별표 3]을 참고하여 번역한다.

4. 음식명을 의미역한 결과가 음식명으로 부적절한 경우 음역으로 제시한다.

제3절 어휘 및 표현

제1항 보통 명사

1. 보통 명사는 도착어 중 가장 적절하게 대응하는 단어 및 표현으로 의미역 한다. 이때 국립국어원 한국어-외국어 학습 사전 또는 한국어-도착어 사전을 참고하되, 맥락과 실제 사용 양상을 고려하여 적절하게 번역한다.
2. 보통 명사 중 한국 고유의 문화 용어로서 도착어 대응역을 찾기 어려운 경우, 한국의 로마자 표기법 또는 도착어의 한국어 음역 표기 기준에 따라 음역한다. 즉, 의미역하거나 해설을 추가하지 않는다.

출발어	도착어	적합 여부
사주	saju	O
	saju (four pillars of destiny)	X

제2항 대명사

1. 한국어의 대명사는 도착어의 특징과 맥락에 따라 적절하게 번역한다.
   - 1인칭: 화자를 가리키는 나, 저, 우리, 저희 등
   - 2인칭: 청자를 가리키는 너, 너희, 자네, 당신 등
   - 3인칭: 제삼자를 가리키는 이들/그들/저들, 이분/그분/저분, 자기, 아무, 누군가 등
2. 주어나 목적어에 위치한 인칭 대명사나 지시 대명사가 생략된 경우, 도착어의 특징에 따라 생략 또는 복원할 수 있다. 복원이 힘든 경우 언어별 설정 기준에 따라 번역한다.
3. 한 문장 내에서 동일 대상이 반복 지칭되는 경우, 도착어 특징과 맥락에

따라 대명사로 대체할 수 있다.

제3항 숫자와 단위

1. 숫자(기수/서수), 날짜(연/월/일/요일), 시간 등은 아라비아 숫자로 쓰는 것을 원칙으로 한다. 단위 명사는 그 의미와 기능을 고려하여 도착어의 특성에 맞게 번역 및 표기한다.

2. 다만, 각 도착어의 특징에 따라 고유어로 수를 표현하거나 다른 기호로 표기할 수 있으며, 이는 언어별 세부 지침에 따른다.

구분	출발어	도착어
날짜	2021년 9월 1일	September 1st, 2021
시간	3시	3 o'clock
	오후 세 시	Three o'clock in the afternoon
단위	1킬로미터	1 kilometer
	30명	30 people
	서른 명	thirty people

제4항 외래어와 외국어

1. 외국어와 외래어의 구별은 『표준국어대사전』 및 『우리말샘』(전문가 감수 완료 항목) 등재 여부를 기준으로 한다.

2. 외국어와 외래어 중 고유 명사의 경우, 원래 언어(예 중국어)에 대한 도착어(예 영어)의 음역 표기 기준이나 관용 방식에 따라 적절하게 표기한다.

예
한 야오밍 → 영 Yao Ming

3. 고유 명사가 아닌 외국어와 외래어는 그것이 가리키는 개념이나 대상에 대응하는 도착어의 실제 표현으로 번역 및 표기한다. 이때 실제 사용 여부가 중요하므로 어원이 달라도 가능하다.

> **예**
>
> 독일어에서 온 한국어의 외래어 '요오드(Jod)'를 영어로 번역할 때는 실제 영미권에서 사용하는 단어인 iodine으로 번역한다. 이처럼 도착어의 고유어가 아니어도 되고, 다른 어원의 외래어여도 가능하다.

4. 한편, 한국식 영어 표현(예 스킨십 skinship, 파이팅 fighting 등) 또는 한국어 음역 표현(예 대박 daebak, 한류 hallyu, 김치 kimchi 등)이 도착어에서 통용되는 경우 그대로 사용할 수 있다. 이와 관련해서는 54쪽 [별표 4]의 옥스퍼드 영어 사전(OED)에 수록된 한국어 유래 단어를 참고할 수 있다.

제5항 전문 용어

1. 전문 용어는 법률, 군사, 경제, 심리, 교육, 과학, 의학, 공학, 건설, 예술, 종교 등 전문 분야에서 주로 사용하는 용어를 뜻한다.

2. 전문 용어의 정확한 의미를 고려하고, 한국어–도착어 전문 용어 사전 또는 한국어–영어 전문 용어 번역 용례를 참고하여 번역한다. 동식물 등은 학명을 참고할 수 있다.

- 한국어 전문 용어의 의미 검색: 『우리말샘』, 네이버 백과사전, 각종 전문 용어 사전 등
- 표준화된 한–영 번역 참고: 국립국어원의 표준전문용어집, 국가기술표준원의 표준용어사전, 한국정보통신기술협회 정보통신용어사전, 대한의사협회 의학용어사전, 국가생물종지식정보시스템, 국방과학기술용어사전, 법령용어정보사전 등

제6항 친족어 및 호칭어/지칭어

1. 한국어는 친족어(예 형, 오빠, 누나, 언니 등)가 다양하게 발달되어 있다. 도착어에 일대일 대응이 가능한 어휘가 있다면 그 어휘로 번역한다. 만약 그렇지 않다면 도착어의 특징과 맥락에 맞게 적절하게 번역한다.

2. 한국어는 가족이 아닌 사람에게도 친족어(이모, 형, 오빠, 누나, 언니, 동생 등)로 부르는 등의 언어문화적 특징이 있다. 또한 화자-청자의 관계 및 상황에 따라 부르거나 지칭하는 표현이 다양하다 (예 자기, 당신, 여보, 선생님, 사장님 등). 그러므로 이러한 한국어의 특징을 바탕으로 문맥 내 인물 간 관계를 최대한 파악한 뒤, 도착어의 특징과 맥락에 맞게 적절하게 번역한다.

제7항 속담 및 관용 표현

1. 속담, 격언, 고사성어, 관용 표현 등은 도착어에서 가장 유사한 의미의 표현으로 번역한다.

2. 한국어의 특정 상황에서 쓰는 관용구나 관용 표현은 도착어의 유사 상황에서 쓰는 표현으로 적절하게 번역한다. 유사 표현이 없을 경우 번역사 또는 검수원 간 합의에 따라 직역하거나 음역할 수 있다.

출발어	도착어
고진감래	No pain, no gain
달걀로 바위 치기	a drop in the ocean
양다리를 걸치다	play a double game

※ 위 번역은 국립국어원 한국어-영어 학습사전의 번역을 제시한 것이며, 실제 번역은 맥락에 따라 달리할 수 있음.

제8항 신조어와 유행어

1. 신조어와 유행어의 의미와 쓰임을 고려하여 도착어의 맥락에 맞게 번역한다. 도착어에도 유사한 신조어나 유행어가 있을 경우, 번역사 또는 검수원 간 합의에 따라 적용할 수 있으나 적절성에 대한 합의가 어려운 사례는 음역한다.

2. 신조어가 단순히 줄어든 표현인 경우 원래 의미로 풀어서 번역할 수 있다.

출발어	도착어
아아 주세요.	An iced Americano, please.
뜨아 한 잔 주세요.	A cup of hot americano, please.

제9항 축약어

1. 원문의 한국어 약어 또는 로마자 약어(두문자어)를 그대로 번역하거나 표기할 수 있다. 다만 번역 및 표기 결과가 부자연스럽거나 부적절한 경우, 도착어에서 통용되는 방식으로 풀어서 번역한다.

2. 원문에 로마자 약어만 있으면(예 유엔) 도착어도 약어만 표기하고(예 UN), 약어가 아닌 경우(예 유럽연합) 도착어도 약어를 쓰지 않는 것(예 European Union)을 원칙으로 한다. 다만, 언어별 맥락과 관용에 따라 번역 및 표기할 수 있다.

3. 원문이 '한글(로마자 약어)'의 형태인 경우, 한글 부분은 번역하고 로마자 약어는 그대로 둔다. 단 로마자 사용 언어에서 한글을 번역해서 로마자 약어와 같아지면 둘 중 하나만 적는다. 예컨대 UN (UN)이 되지 않도록 UN처럼 하나만 적는다.

출발어	도착어	적합 여부
엘에이다저스	LA Dodgers	O
맨유	Manchester United	O
유엔	UN	O
유엔(UN)	UN	O
	UN (UN)	X
유럽연합(EU)	European Union (EU)	O
	European Union	X
	EU	X

제4절 문법 및 담화

제1항 문장 성분과 어순

1. 한국어 문장 성분의 기능을 고려하여 도착어의 문법적 특징과 맥락에 따라 적절하게 번역한다. 이때 문장 성분의 조정, 가감이 가능하나 최소화한다.

2. 한국어의 기본적인 어순(주어-목적어-서술어 또는 수식어-피수식어)을 고려하되, 도착어의 문법적 특징과 맥락에 따라 적절하게 번역한다.

제2항 문장의 구조와 유형

1. 한국어 원문의 구조를 파악하여 정확한 의미를 전달할 수 있도록 번역한다. 특히 안은문장(embedding sentence)을 번역할 때, 도착어의 특징과 맥락에 따라 두 절로 나눌 수 있다. 이때 두 문장처럼 되지 않도록 쉼표로 연결할 수 있다.

2. 한국어 종결 어미에 의해 구현된 문장 유형(예 평서문, 의문문, 청유문, 명령문 등)의 의미와 의도를 고려하여 최대한 유사한 문장 유형으로 번역한다. 다만, 도착어의 특징과 맥락에 따라 문장 유형을 바꿀 수 있으나 이는 최소화한다.

제3항 긍정/부정, 능동/피동/사동

1. 한국어의 긍정과 부정의 표현은 그 의미와 의도를 고려하고 도착어의 맥락에 맞게 번역한다. 의도와 맥락에 따라 긍정을 부정으로, 또는 부정을 긍정으로 바꿀 수 있으나 이러한 변환은 최소화한다.

2. 한국어 원문이 능동으로 되어 있어도 도착어의 문법적 특징 또는 자연스러운 번역을 위해서 피동이나 사동으로 바꿀 수 있다. 마찬가지로 피동을

능동이나 사동으로 바꿀 수 있으며, 사동을 능동이나 피동으로 바꿀 수 있다. 다만, 원문의 방식으로 번역하여도 의미 전달에 방해가 되지 않는다면 이러한 변환은 최소화한다.

제4항 시제와 동작상

1. 한국어의 시제(과거, 현재, 미래)와 동작상(완료, 진행)의 정확한 의미를 파악하되, 도착어의 특징과 맥락에 따라 적절하게 번역한다.

2. 구체적인 사항은 세부 지침 또는 번역사 또는 검수원 간 논의를 통해 적용한다.

제5항 성과 수

1. 원문과 번역문의 성을 최대한 일치시킨다. 특히 남성어와 여성어를 구별하는 도착어의 경우 번역할 때 주의해야 하며, 원문의 성이 불분명한 경우 언어권별 지침에 따라 번역한다(예1 3인칭 남성 단수, 예2 1명은 남성어, 1명은 여성어).

2. 원문과 번역문의 수를 최대한 일치시킨다. 한국어 원문의 문맥을 통해 수를 최대한 파악하여 번역한다. 다만, 단수-복수 구별이 명료하지 않을 경우 단수로 번역하는 것을 원칙으로 한다.

제6항 높임법과 공손성

1. 높임법: 한국어에서 문법적 요소나 어휘 등을 통해 특정 인물을 높이거나 낮추는 표현의 방법 및 공손성 정도 등을 최대한 고려하되 도착어의 특징과 맥락에 따라 적절하게 번역한다.

2. 높임의 대상이 불분명하거나 불특정 다수에 대한 표현은 중립적이거나 정중한 방향으로 번역한다.

제7항 격식체와 비격식체

1. 격식체와 비격식체를 구별하는 도착어의 경우, 그 언어의 특징과 실제적 사용 맥락에 따라 한국어의 격식체와 비격식체를 구별하여 번역한다.

제8항 구어체와 문어체, 장르별 문체

1. 구어체와 문어체를 구별하는 도착어의 경우, 그 언어의 특징과 실제적 사용 맥락에 따라 한국어 원문의 구어와 문어를 구별하여 번역한다.

2. 일상 대화, 시나리오나 대본, 신문 기사 등의 장르적 특성이 드러날 경우, 도착어에서도 되도록 이를 반영하여 번역한다.

제5절 표기법

제1항 철자

1. 도착어의 공식적인 규정이나 통용되는 사용 방식에 따라 정확한 철자를 사용하여 번역한다.
2. 성조 등을 표현하기 위해 특수 기호를 사용하는 언어의 경우 정확하게 표기한다.

제2항 띄어쓰기

1. 한국어는 한글 맞춤법과 사전에 맞게 띄어 쓰고, 외국어는 현지의 띄어쓰기 규범을 따른다.
2. 띄어쓰기가 2번 이상(이중 공백) 되지 않도록 주의한다.

제3항 문장 부호와 특수 기호

1. 원문 끝에 문장 부호(마침표, 물음표, 느낌표)가 있을 경우, 번역문에도 동일한 기능의 문장 부호로 표시한다. 단, 문장 부호의 기능이 다른 언어는 언어별 세부 지침에 따른다.
2. 원문이 한 문장인 경우, 번역문도 최대한 한 문장이어야 한다. 단, 형용사구 사용 등 자연스러운 번역을 위해 쉼표의 추가 및 삭제는 가능하다.
3. 원문에 없던 ( ) [ ] / 등의 부호를 이용하여 불필요한 설명을 추가하지 않는다.

출발어	도착어	적합 여부
한강	Hangang River	O
	Hangang(The river flows through Korea's central region)	X

4. 특수 기호($, ®, ™ 등)는 원문과 최대한 동일하게 사용하되 도착어의 특징과 맥락에 따라 조정할 수 있다.

5. 원문에 강조나 인용 등을 위해 쓰인 작은따옴표 ' '는 도착어에서도 유사한 기능의 기호로 표기할 수 있다.

제4항   로마자의 대문자와 소문자

1. 문장의 처음 및 고유 명사의 첫 글자는 대문자로 쓰고, 그 외에는 소문자로 쓴다.
2. 책, 영화, 기타 제목 등의 단어의 첫 글자는 대문자로 표기한다.
3. 원문에 로마자 약어가 소문자로 적힌 경우, 대문자로 표기한다.

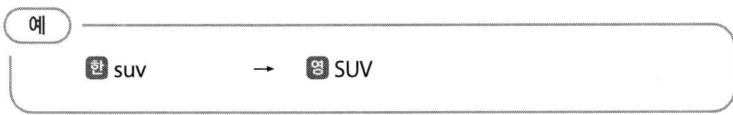

4. 원문에 고유 명사가 소문자로 적힌 경우, 앞 글자를 대문자로 표기한다.

제6절 참고 자료

제1항 관련 규범

- 한글 맞춤법과 표준어 규정

    https://kornorms.korean.go.kr/regltn/regltnView.do#a

- 로마자 표기법과 로마자 표기 용례

    https://kornorms.korean.go.kr/example/exampleList.do?regltn_code=0004

- 외래어 표기법, 외래어 표기 용례집, 정부·언론외래어심의공동위원회 자료

    https://kornorms.korean.go.kr/example/exampleList.do?regltn_code=0003

- 공공 용어의 외국어 번역 용례

    https://publang.korean.go.kr/pubWord/pubWordDataIntro.do

- 문화재 명칭 영문 표기 기준 규칙

    https://www.law.go.kr/LSW/admRulLsInfoP.do?admRulSeq=2100000183730

- 자연·인공 지명 정비 및 관리 등에 관한 규정

    https://www.law.go.kr/LSW/admRulLsInfoP.do?admRulSeq=2100000197909#AJAX

- 도로명 주소법 시행 규칙

    https://www.juso.go.kr/openEngPage.do

제2항 사전 및 용례집

- 국립국어원 한국어–외국어 학습 사전

    https://krdict.korean.go.kr/

- 국립국어원 표준국어대사전

    https://stdict.korean.go.kr/main/main.do

- 우리말샘(전문가 감수 완료 항목만 적용)

    https://opendict.korean.go.kr

- 한국학중앙연구원 한국학영문용어용례사전

  http://digerati.aks.ac.kr:94

- 한국 미술 다국어 용어 사전

  https://www.gokams.or.kr:442/visual-art/art-terms/intro/info.asp

- 국립국어원의 표준전문용어집

  https://www.korean.go.kr/front/imprv/stndrdList.do?mn_id=159

- 국가기술표준원 표준용어사전

  https://standard.go.kr

- 한국정보통신기술협회 정보통신용어사전

  http://terms.tta.or.kr

- 대한의사협회 의학용어

  https://term.kma.org

- 국가생물종지시정보시스템

  http://www.nature.go.kr/main/Main.do

- 한경경제용어사전

  https://dic.hankyung.com

- 국방과학기술용어사전

  http://dtims.dtaq.re.kr:8070/search/main/index.do

제3항 참고 일람표

별표 1 한국어의 로마자 표기법

국어의 로마자 표기법

제1장 표기의 기본 원칙

제1항 국어의 로마자 표기는 국어의 표준 발음법에 따라 적는 것을 원칙으로 한다.

제2항 로마자 이외의 부호는 되도록 사용하지 않는다.

제2장 표기 일람

제1항 모음은 다음 각호와 같이 적는다.

1. 단모음

ㅏ	ㅓ	ㅗ	ㅜ	ㅡ	ㅣ	ㅐ	ㅔ	ㅚ	ㅟ
a	eo	o	u	eu	i	ae	e	oe	wi

2. 이중 모음

ㅑ	ㅕ	ㅛ	ㅠ	ㅒ	ㅖ	ㅘ	ㅙ	ㅝ	ㅞ	ㅢ
ya	yeo	yo	yu	yae	ye	wa	wae	wo	we	ui

[붙임 1] 'ㅢ'는 'ㅣ'로 소리 나더라도 ui로 적는다.

【보기】 광희문 Gwanghuimun

제2항 자음은 다음 각호와 같이 적는다.

1. 파열음

ㄱ	ㄲ	ㅋ	ㄷ	ㄸ	ㅌ	ㅂ	ㅃ	ㅍ
g, k	kk	k	d, t	tt	t	b, p	pp	p

2. 파찰음

ㅈ	ㅉ	ㅊ
j	jj	ch

3. 마찰음

ㅅ	ㅆ	ㅎ
s	ss	h

4. 비음

ㄴ	ㅁ	ㅇ
n	m	ng

5. 유음

ㄹ
r, l

[붙임 1] 'ㄱ, ㄷ, ㅂ'은 모음 앞에서는 'g, d, b'로, 자음 앞이나 어말에서는 'k, t, p'로 적는다.([ ] 안의 발음에 따라 표기함.)

한국어	영문 표기	한국어	영문 표기	한국어	영문 표기
구미	Gumi	영동	Yeongdong	백암	Baegam
옥천	Okcheon	함덕	Hamdeok	호법	Hobeop
월곶[월곧]	Wolgot	벚꽃[벋꼳]	Beotkkot	한밭[한받]	Hanbat

[붙임 2] 'ㄹ'은 모음 앞에서는 'r'로, 자음 앞이나 어말에서는 'l'로 적는다. 단, 'ㄹㄹ'은 'll'로 적는다.

한국어	영문 표기	한국어	영문 표기
구리	Guri	울릉	Ulleung
임실	Imsil	칠곡	Chillgok
설악	Seorak	대관령[대괄령]	Daegwallyeong

제3장 표기상의 유의점

제1항 음운 변화가 일어날 때에는 변화의 결과에 따라 다음 각호와 같이 적는다.

1. 자음 사이에서 동화 작용이 일어나는 경우

한국어	영문 표기	한국어	영문 표기
백마[뱅마]	Baengma	신문로[신문노]	Sinmunno
종로[종노]	Jongno	왕십리[왕심니]	Wangsimni
별내[별래]	Byeollae	신라[실라]	Silla

2. 'ㄴ, ㄹ'이 덧나는 경우

한국어	영문 표기	한국어	영문 표기
학여울[항녀울]	Hangnyeoul	알약[알략]	allyak

3. 구개음화가 되는 경우

한국어	영문 표기	한국어	영문 표기
해돋이[해도지]	haedoji	같이[가치]	gachi
굳히다[구치다]	guchida		

4. 'ㄱ, ㄷ, ㅂ, ㅈ'이 'ㅎ'과 합하여 거센소리로 소리 나는 경우

한국어	영문 표기	한국어	영문 표기
좋고[조코]	joko	놓다[노타]	nota
잡혀[자펴]	japyeo	낳지[나치]	nachi

다만, 체언에서 'ㄱ, ㄷ, ㅂ' 뒤에 'ㅎ'이 따를 때에는 'ㅎ'을 밝혀 적는다.

묵호(Mukho)   집현전(Jiphyeonjeon)

[붙임] 된소리되기는 표기에 반영하지 않는다.

한국어	영문 표기	한국어	영문 표기
압구정	Apgujeong	낙동강	Nakdonggang
죽변	Jukbyeon	낙성대	Nakseongdae
샛별	saetbyeol	울산	Ulsan

제2항 발음상 혼동의 우려가 있을 때에는 음절 사이에 붙임표(-)를 쓸 수 있다.

한국어	영문 표기	한국어	영문 표기
중앙	Jung-ang	반구대	Ban-gudae
세운	Se-un	해운대	Hae-undae

제3항 고유 명사는 첫 글자를 대문자로 적는다.

한국어	영문 표기	한국어	영문 표기
부산	Busan	세종	Sejong

제4항 인명은 성과 이름의 순서로 띄어 쓴다. 이름은 붙여 쓰는 것을 원칙으로 하되 음절 사이에 붙임표(-)를 쓰는 것을 허용한다.(( ) 안의 표기를 허용함.)

> 민용하 Min Yongha (Min Yong-ha)
> 송나리 Song Nari (Song Na-ri)

1. 이름에서 일어나는 음운 변화는 표기에 반영하지 않는다.

한국어	영문 표기
한복남	Han Boknam (Han Bok-nam)
홍빛나	Hong Bitna (Hong Bit-na)

2. 성의 표기는 따로 정한다.

제5항 '도, 시, 군, 구, 읍, 면, 리, 동'의 행정 구역 단위와 '가'는 각각 'do, si, gun, gu, eup, myeon, ri, dong, ga'로 적고, 그 앞에는 붙임표(-)를 넣는다. 붙임표(-) 앞뒤에서 일어나는 음운 변화는 표기에 반영 하지 않는다.

한국어	영문 표기	한국어	영문 표기
충청북도	Chungcheongbuk-do	제주도	Jeju-do
의정부시	Uijeongbu-si	양주군	Yangju-gun
도봉구	Dobong-gu	신창읍	Sinchang-eup
삼죽면	Samjuk-myeon	인왕리	Inwang-ri
당산동	Dangsan-dong	봉천 1동	Bongcheon 1(il)-dong
종로 2가	Jongno 2(i)-ga	퇴계로 3가	Toegyero 3(sam)-ga

[붙임] '시, 군, 읍'의 행정 구역 단위는 생략할 수 있다.

한국어	영문 표기	한국어	영문 표기
청주시	Cheongju	함평군	Hampyeong
순창읍	Sunchang		

제6항 자연 지물명, 문화재명, 인공 축조물명은 붙임표(-) 없이 붙여 쓴다.

한국어	영문 표기	한국어	영문 표기
남산	Namsan	속리산	Songnisan
금강	Geumgang	독도	Dokdo
경복궁	Gyeongbokgung	무량수전	Muryangsujeon
연화교	Yeonhwagyo	극락전	Geungnakjeon
안압지	Anapji	남한산성	Namhansanseong
화랑대	Hwarangdae	불국사	Bulguksa
현충사	Hyeonchungsa	독립문	Dongnimmun
오죽헌	Ojukheon	촉석루	Chokseongnu
종묘	Jongmyo	다보탑	Dabotap

제7항 인명, 회사명, 단체명 등은 그동안 써 온 표기를 쓸 수 있다.

제8항 학술 연구 논문 등 특수 분야에서 한글 복원을 전제로 표기할 경우에는 한글 표기를 대상으로 적는다. 이 때 글자 대응은 제2장을 따르되 'ㄱ, ㄷ, ㅂ, ㄹ'은 'g, d, b, l'로만 적는다. 음가 없는 'ㅇ'은 붙임표(-)로 표기하되 어두에서는 생략하는 것을 원칙으로 한다. 기타 분절의 필요가 있을 때에도 붙임표(-)를 쓴다.

한국어	영문 표기	한국어	영문 표기
집	jib	짚	jip
밖	bakk	값	gabs
붓꽃	buskkoch	먹는	meogneun
독립	doglib	문리	munli
물엿	mul-yeos	굳이	gud-i
좋다	johda	가곡	gagog
조랑말	jolangmal	없었습니다.	eobs-eoss-seubnida

별표 2

지명 후부 요소 번역어 일람표

※ [별표 2]는 문화체육관광부 훈령 제448호 '공공 용어의 외국어 번역 및 표기 지침'에서 일부를 발췌한 것임. 더 많은 번역어 목록을 찾으려면 국립국어원 공공 용어 번역 지원 시스템 (https://publang.korean.go.kr/pubWord/pubWordDataIntro.do)을 참고.

순번	구분	한국어명	영어	중국어	일본어
1	자연 지명	강	River	江	江
2		갯벌	Tidal Flat	滩涂	干潟
3		고개	Pass	岭	峠
4		골	Valley	谷	谷
5		곶	Cape	岬	岬
6		능선	Ridge	棱线	稜線
7		늪	Marsh	沼泽	湿地
8		분지	Basin	盆地	盆地
9		사구	Dune	沙丘	砂丘
10		산	Mountain	山	山
11		습지	Wetland	湿地	湿地
12		오름	Parasitic Cone	火山丘	オルム
13		폭포	Falls	瀑布	滝
14		하천	Stream	川	河川
15		호수	Lake	湖	湖水
16	인공 지명	시청	City Hall	市厅	市庁
17		주민센터	Community Service Center	居民服务中心	住民センター

순번	구분	한국어명	영어	중국어	일본어
18	인공지명	민원봉사실	Public Service Center	便民服务室	相談窓口
19		어린이집	Daycare Center	托儿所	保育所／保育園
20		초등학교	Elementary School	小学	小学校
21		버스정류장	Bus Stop	巴士站	バスのりば
22		시외버스터미널	Intercity Bus Terminal	长途客运站	市外バスターミナル
23		요금소	Tollgate	收费站	料金所
24		선착장	Quay	码头	船着場
25		기념관	Memorial Hall	纪念馆	記念館
26		전시관	Exhibition Hall	展览馆	展示館
27		야구장	Baseball Stadium	棒球场	野球場
28		축구장	Soccer Stadium	足球场	サッカー場
29		보건소	Community Health Center	保健所	保健所
30		지하상가	Underground Shopping Center	地下商业街	地下商店街

[별표 3]

음식명 의미역 번역 지침(영어)

※ [별표 3]은 문화체육관광부 훈령 제448호 '공공 용어의 외국어 번역 및 표기 지침'에서 일부를 발췌한 것임.

구분		번역어	예시	
대분류	소분류		한식명	번역어
밥	밥	Steamed + 재료명	보리밥	Steamed Barley Rice
		재료명 + Rice (곡류에 기타 재료가 추가된 경우)	콩나물밥	Bean Sprout Rice
	국밥	재료명 + and Rice Soup	돼지국밥	Pork and Rice Soup
			콩나물국밥	Bean Sprout and Rice Soup
	덮밥	Stir-fried 재료명 + with Rice	닭고기덮밥	Stir-fried Chicken with Rice
			송이덮밥	Stir-fried Pine Mushrooms with Rice
	볶음밥	재료명 + Fried Rice	새우볶음밥	Shrimp Fried Rice
			해물볶음밥	Seafood Fried Rice
	주먹밥	재료명 + Rice Ball	멸치주먹밥	Dried Anchovy Rice Ball
죽	죽	재료명 + Porridge	삼계죽	Ginseng and Chicken Porridge
			호박죽	Pumpkin Porridge

구분		번역어	예시	
대분류	소분류		한식명	번역어
면	국수, 면	재료명 혹은 특징 + Noodles	메밀국수	Buckwheat Noodles
			잔치국수	Banquet Noodles
	칼국수	Noodle Soup + with 재료명	해물칼국수	Noodle Soup with Seafood
만두	만두	속 재료 + Mandu	김치만두	Kimchi Mandu
			고기만두	Meat Mandu
국, 탕, 찌개, 전골	국	재료명 + Soup	미역국	Seaweed Soup
	탕	재료명 + Stew	감자탕	Pork Backbone Stew
		재료명 + Soup (걸쭉한 정도가 덜한 것)	설렁탕	Ox Bone Soup
			갈비탕	Galbi Soup
	찌개	재료명 + Jjigae	순두부찌개	Soft Bean Curd Jjigae
	전골	재료명 + Hot Pot	두부전골	Bean Curd Hot Pot
찜, 조림	찜	Braised + 재료명	갈비찜	Braised Galbi
		Steamed + 재료명 (채반에 올려 증기로 쪄낸 것)	계란찜	Steamed Eggs
	조림	Braised + 재료명	두부조림	Braised Bean Curd
	장조림	Braised + 재료명 + in Soy Sauce	소고기 메추리알 장조림	Braised Beef and Quail Eggs in Soy sauce
볶음	볶음	Stir-fried + 재료명	당근볶음	Stir-fried Carrot
			어묵볶음	Stir-fried Fishcake

구분		번역어	예시	
대분류	소분류		한식명	번역어
구이	구이	Grilled + 재료명	생선구이	Grilled Fish
			장어구이	Grilled Eel
전	전	Pan-fried Battered + 재료명	생선전	Pan-fried Battered Fish Fillet
		재료명 + Pancake	감자전	Potato Pancake
튀김	튀김	Deep-fried + 재료명	새우튀김	Deep-fried Shrimp
			고구마튀김	Deep-fried Sweet Potatoes
장아찌	장아찌	Pickled + 재료명	고추장아찌	Pickled Chili Pepper
			마늘장아찌	Pickled Garlic
젓갈	젓갈	Salted + 재료명	새우젓	Salted Shrimp
			멸치젓	Salted Anchovies
나물, 무침	나물	재료명 + Salad	시금치나물	Spinach Salad
	무침	재료명 + Salad	부추무침	Chive Salad
	생채	재료명 + Fresh Salad	무생채	Julienne Radish Fresh Salad

구분		번역어	예시	
대분류	소분류		한식명	번역어
떡	떡	재료명 + Rice Cake	쑥떡	Mugwort Rice Cake
		재료명 + Rice Cake + with 속재료명 + Filling (앙금이 있는 떡)	꿀떡	Rice Cake with Honey Filling
		고물명-coated + Rice Cake (고물이 있는 떡)	인절미	Bean-powder-coated Rice Cake
	시루떡	재료명 + Steamed Rice Cake	녹두시루떡	Mung Bean Steamed Rice Cake
	경단	재료명 + Sweet Rice Balls	깨경단	Sesame Sweet Rice Balls
적, 산적, 꼬치	적	재료명 + Skewers	홍어적	Skate Skewers
	산적	재료명 + Skewers	송이산적	Pine Mushroom Skewers
	꼬치	재료명 + Skewers	낙지꼬치	Octopus Skewers
회	회	Sliced Raw + 재료명	광어회	Sliced Raw Flatfish
	물회	Cold Raw + 재료명 Soup	오징어물회	Cold Raw Squid Soup

별표 4

옥스퍼드 영어 사전 등재 한국어 유래 단어의 예

※ [별표 4]는 옥스퍼드 영어사전(www.oed.com)에 등재된 사례를 일부 발췌한 것임.

구분	한국어	영문 표기
한식	갈비	Kalbi
	김밥	Gimbap
	김치	Kimchi
	불고기	Bulgogi
	비빔밥	Bibimbap
	잡채	Japchae
	치맥	Chimaek
호칭어/지칭어	누나	Nuna
	오빠	Oppa
	언니	Unni
한류 / K-합성어	한류	Hallyu
	K-드라마	K-drama
	K-팝	K-pop
	K-푸드, 컬쳐, 스타일, 뷰티	K-food / culture / style / beauty
문화 / 기타	기생	Kisaeng
	대박	Daebak
	만화	Manhwa
	먹방	Mukbang

구분	한국어	영문 표기
문화 / 기타	스킨십	Skinship
	시조	Sijo
	애교	Aegyo
	양반	Yangban
	온돌	Ondol
	원	Won
	재벌	Chaebol
	태권도	Taekwondo
	트로트	Trot
	파이팅	Fighting
	학원	Hagwon
	한글	Hangul
	한복	Hanbok
	PC방	PC bang

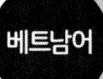

제3장

한국어-베트남어 번역 세부 지침

제3장
한국어-베트남어 번역 세부 지침

제1절 기본 원칙

제1항 의미의 정확성

1. 번역문이 의미상으로 1:1 대응, 즉 등가성(equivalence)을 이루어야 한다. 즉, 원문의 맥락적 의미와 기능을 고려하여 정확하게 번역한다.

2. 의미상 불필요한 첨가와 누락, 내용의 불일치에 주의한다. 다만, 베트남어의 문법적 특징에 따라 생략된 한국어의 주어나 목적어 등을 복원하여 추가할 수 있다.

3. 중의적 표현의 경우, 맥락을 파악하여 정확한 의미로 번역한다. 특히 수식어가 수식하는 대상, 부정 표현이 부정하는 대상, 한국어 동음어와 다의어의 의미 파악, 번역 가능한 유의어의 적절한 선택을 고려하여 번역한다.

출발어	베트남어	적합 여부
세종 대왕은 1443년에 훈민정음을 창제하였다.	Vua Sejong sáng chế ra Huấn dân chính âm vào năm 1443.	O
	Vua Sejong đã sáng chế ra bảng chữ cái tiếng Hàn vào năm 1443 và đưa vào sử dụng năm 1446.	X

제2항 맥락의 실제성

1. 원문의 목적, 용법, 요구, 맥락 등을 고려하여 적절하게 번역해야 한다.
2. 직역을 원칙으로 하되, 직역이 어색한 경우 원문의 의미에 충실하고 베트남에서 실제로 사용하는 자연스러운 표현으로 번역한다.
3. 존댓말/반말, 격식체/비격식체의 경우, 원문의 성격과 맥락을 파악하여 번역한다. 불특정 다수에게 사용되는 문장은 정중한 표현으로 번역한다.
4. 특정 지역에서 사용하는 방언이 아닌 모든 지역의 언중들이 이해할 수 있는 표현으로 번역한다.

제3항 문체의 적절성

1. 구어체-문어체, 격식체-비격식체의 차이를 고려하여 번역한다.
2. 일상대화 구어, 시나리오나 대본, 신문 기사 등의 장르적 특성이 드러날 경우, 이를 고려하여 베트남어로 번역한다.

제2절 고유 명사

1. 베트남어에 대응하는 번역어가 없는 고유 명사는 음역한다.

2. 베트남 교육훈련부의 결정문 1989/QĐ-BGDĐT(25/05/2018)에 따라 표기한다.

3. 한국어 고유 명사의 음역은 78쪽 [별표1] 로마자표기법에 따라 음역한다. 필요시 유형이나 속성을 나타내는 후부 요소를 베트남어로 의미역하여 추가 표기할 수 있다.

4. 외국어의 고유 명사는 원어를 고려하여 로마자로 표기한다. 단, 베트남어의 관련 규범이나 관용에 따라 적절하게 번역할 수 있다.

5. 고유 명사의 첫 글자와 각 음절의 첫 글자는 대문자로 쓰는 것이 원칙이다. 대소문자 관련 세부 사항, 문서 관련 용어는 베트남 정부의 결정문 30/2020/NĐ-CP(05/03/2020)을 참고할 수 있다.

제1항 인명

1. 베트남 교육훈련부의 결정문에 따라 표기하는 것을 원칙으로 한다. 다만, 인명은 공식 표기법을 따르지 않고 그동안 써 오던 관용 표기를 존중하여 사용할 수 있다.

2. 한국어 인명은 성명 전체를 한국의 로마자 표기법에 따라 표기하는 것을 원칙으로 한다. 한국어 인명은 성과 이름의 순서로 띄어 쓰며, 이름은 붙여 쓰는 것을 원칙으로 하고, 음절 사이에 붙임표(-)를 쓰는 것을 허용한다. 이름에서 일어나는 음운 변화는 표기에 반영하지 않는다. 단, 유명인의 이름은 해당 유명인이 사용하고 있는 표기를 허용한다.

3. 외국어 인명은 원어 그대로 표기하는 것이 허용된다. 단 중국인의 경우, 베트남 교육훈련부의 결정문과 같이 한자어로 표기하는 것을 원칙으로 하되, 실제 발음인 중국어 병음으로 표기하는 것도 허용한다.

출발어	원칙	허용
한복남	Han Boknam	Han Bok Nam Han Bok-nam
야오밍	Diêu Minh	Yao Ming

제2항 기업명, 상품명, 기관명, 단체명

1. 기업명 및 상품명 등은 해당 기업이 쓰는 공식 표기를 따르며, 기관명이나 단체명은 베트남에서 사용되는 공식 명칭을 사용한다.
2. 그 외의 경우 제3항 인공 지명의 표기를 준용한다.
3. 기관/기업의 특별한 표기 방식이 있다면 이를 따른다.

구분	출발어	베트남어
기업	인듀어런스	Endurance
	현대	Hyundai
상품명	아이폰	iPhone
	샤넬	CHANEL
기관/단체	문화체육관광부	Bộ Văn hóa Thể thao và Du lịch
	라디오프랑스 필하모닉	Orchestre philharmonique de Radio France/ Radio France Philharmonic Orchestra

제3항 인공 지명, 자연 지명

1. 인공 지명은 시장, 공원, 건물, 저수지, 교통시설 등 인간이 만든 구조물이나 시설물의 이름을 뜻하며, 자연 지명은 자연적으로 형성된 곳으로

산, 고개, 섬, 강, 호수 등을 뜻한다.

2. 인공 지명의 전부 요소는 음역하여 표기하고, 후부 요소는 의미역으로 제시한다.

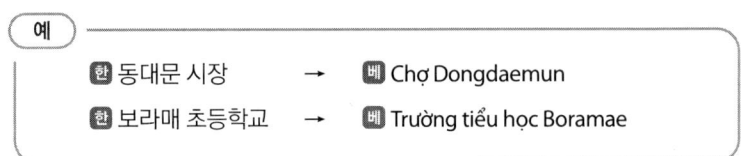

단, 후부 요소가 다리를 뜻하는 '교(橋)', '대교(大橋)'인 경우, 한국어 명칭 전체(전부+후부)를 음역 표기한 뒤, 후부 요소의 의미역을 추가 표기하는 것을 원칙으로 한다. 다만, 베트남어 사용 맥락에 따라 관용 표기 방식을 사용할 수 있다.

출발어	원칙	허용
경천교	Cầu Gyeongcheongyo	Cầu Gyeongcheon
광안대교	Cầu Gwangandaegyo	Cầu Gwangan

3. 자연 지명은 전체 음역 후 후부 요소 의미역을 병기하는 것이 원칙이다. 단, 전부 요소만 음역하고 후부 요소를 의미역하는 것도 허용된다.

제4항 행정 구역명

1. 행정 구역명에서 전부 요소인 고유 명사는 한국의 로마자 표기법에 따라 표기하고, 후부 요소인 행정 구역 단위는 베트남어로 의미역하는 것이 원칙이다.

		한국어	베트남어
행정 구역	1단계	도	Tỉnh
		시	Thành phố (TP. 허용)
	2단계	군	Huyện
		구	Quận (Q. 허용)
	3단계	읍	Thị trấn
		면	Xã
		동	Phường
	4단계	리	Làng

2. 다만, 한국의 행정 구역명이 익숙하지 않은 베트남인을 고려하여 후부 요소를 음역하는 방식 및 행정 구역명 전체를 음역한 뒤 후부 요소를 의미 역하여 추가하는 방식을 허용한다.

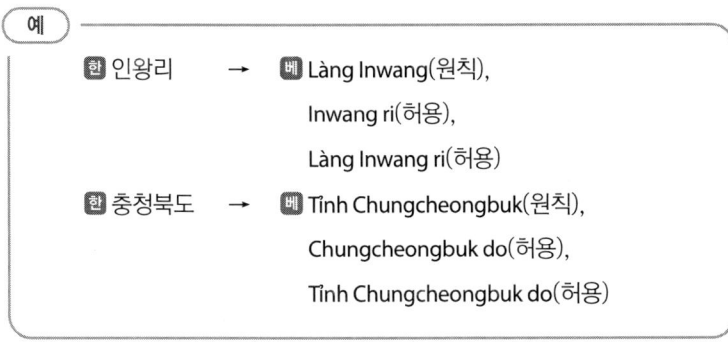

예

한 인왕리 → 베 Làng Inwang(원칙),
　　　　　　　 Inwang ri(허용),
　　　　　　　 Làng Inwang ri(허용)

한 충청북도 → 베 Tỉnh Chungcheongbuk(원칙),
　　　　　　　　 Chungcheongbuk do(허용),
　　　　　　　　 Tỉnh Chungcheongbuk do(허용)

3. 관용에 따라 약어를 사용할 수 있다.

예

한 부산시 → 베 Thành phố Busan / TP. Busan

제5항 도로명

1. 도로명 중에서 전부 요소인 고유 명사는 로마자 표기법에 따라 표기하고, 후부 요소인 '-대로', '-로', '-길(번길)', '고속도로'는 베트남어로 의미역하여 표기한다.

한국어	로마자	베트남어
대로	-daero	Đại lộ
로, 길	-ro, gil	Đường
고속도로	Express way	Đường cao tốc

> **예**
>
> 한 세종대로   →   베 Đại lộ Sejong
> 한 강변북로   →   베 Đường Gangbyeonbuk
> 한 서간도길   →   베 Đường Seogando
> 한 서해안 고속도로 →   베 Đường cao tốc Seohaean

※ 주의: 도로명에 포함된 인공 지명은 인공 지명 전체(전부+후부)를 로마자로 표기하는 것이 원칙이다. 도착어 사용 맥락에 따라 관용 표기 방식을 사용할 수 있다.

한국어	베트남어	적합 여부
남산공원길	Công viên Namsan-gil	X
남산공원길	Đường Namsangongwon	O
당진시장길	Chợ Dangjin-gil	X
당진시장길	Đường Dangjinsijang	O

제6항 음식명

1. 한국 고유의 음식명은 전체를 로마자 표기법에 따라 음역한다. 단, 베트남에서의 실제 사용을 고려하여 의미역하여 제시하는 것도 허용한다.

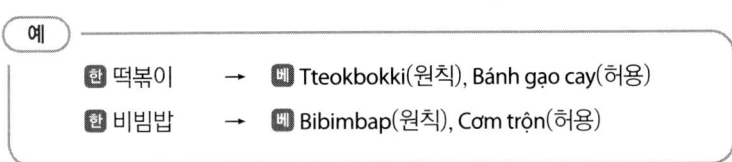

예
- 한 떡볶이 → 베 Tteokbokki(원칙), Bánh gạo cay(허용)
- 한 비빔밥 → 베 Bibimbap(원칙), Cơm trộn(허용)

2. 베트남어 사용 지역에서 널리 알려진 음식명은 로마자 표기법이나 베트남어의 공식 표기 기준을 따르지 않아도 사용할 수 있다.

예
- 한 김치 → 베 Kimchi (O)   Gimchi (X)

3. 한식이 아닌 외국 음식은 원래 음식명을 고려하여 음역하되 베트남어 맥락에 맞게 번역 및 표기한다.

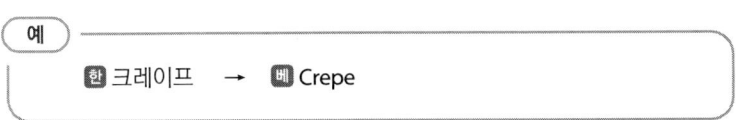

예
- 한 크레이프 → 베 Crepe

제7항 예술 작품명

1. 책, 그림, 노래, 영화와 같은 예술 작품의 명칭은 베트남에서 공식적으로 사용되고 있는 것을 따른다.

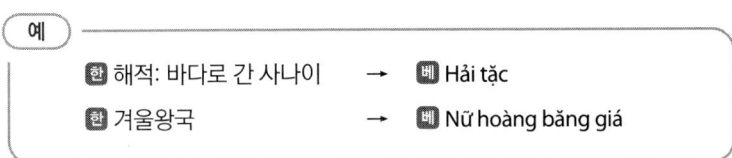

예
- 한 해적: 바다로 간 사나이 → 베 Hải tặc
- 한 겨울왕국 → 베 Nữ hoàng băng giá

제3절 어휘 및 표현

제1항 대명사와 호칭어/지칭어

1. 한국어의 대명사는 베트남어의 특징과 맥락에 따라 적절하게 번역한다.

2. 주어나 목적어에 위치한 인칭 대명사나 지시 대명사, 호칭어/지칭어가 생략된 경우, 베트남어의 특징에 따라 복원할 수 있다. 베트남어의 특징과 맥락에 맞게 자연스럽다면 어떤 것을 사용해도 괜찮으나, 보편적으로 사용되는 것을 선택하여 번역한다.

> **예**
>
> 한 좀 도와주실 수 있습니까?
> → 베 Anh có thể giúp tôi cái này được không ạ?
>
> 한 이거 좀 도와줄래?
> → 베 Em giúp anh cái này nhé?

제2항 외래어와 외국어

1. 고유 명사가 아닌 외국어와 외래어는 그것이 가리키는 개념이나 대상에 대응하는 베트남어의 실제 표현으로 번역 및 표기한다. 이때 실제 사용 여부가 중요하므로 어원이 달라도 가능하다.

> **예**
>
> 한 인테리어(interior) → 베 Trang trí nội thất

2. 베트남어에 대응하는 표현이 없을 경우, 외국어와 외래어의 어원을 확인하고 의미역하거나 음역한다.

> 예
>
> 한 팡파르(Fanfare) → 베 kèn lệnh/fanfare

3. 한편, 한국식 영어 표현(예 스킨십 skinship, 파이팅 fighting 등) 또는 한국어 표현(예 대박 daebak, 한류 hallyu, 김치 kimchi 등)이 베트남어에서 통용되는 경우 그대로 사용하거나 베트남어로 대응되는 표현이 있을 경우 베트남어를 사용할 수 있다. 이와 관련해서는 81쪽 [별표2] 옥스퍼드 사전(OED)에 수록된 한국어 유래 단어를 참고할 수 있다.

> 예
>
> 한 파이팅(Fighting) → 베 Cố lên

제3항 전문 용어

1. 전문 용어는 법률, 군사, 경제, 심리, 교육, 과학, 의학, 공학, 건설, 예술, 종교 등 전문 분야에서 주로 사용하는 용어를 뜻한다.

2. 전문 용어의 정확한 의미를 고려하고, 한국어-베트남어 전문 용어 사전 또는 한국어-영어 전문 용어 번역 용례를 참고하여 번역한다. 동식물 등은 학명을 참고할 수 있다. 해당 베트남어 전문 용어를 찾지 못할 때에는 한국어 전문 용어 ➡ 영어 전문 용어 ➡ 베트남어 전문 용어 순서로 찾아 번역한다.

   - 한국어 전문 용어의 의미 검색: 『우리말샘』, 네이버백과사전, 각종 전문 용어사전
   - 표준화된 한-영 번역 참고: 국립국어원의 표준전문용어집, 국가기술표준원의 표준용어사전, 한국정보통신기술협회 정보통신용어사전, 대한의사협회 의학용어, 국가생물종지식정보시스템, 국방과학기술용어사전, 법령용어정보사전 등

한국어	영어	베트남어
시가총액	Aggregate value of listed stocks	Giá trị vốn hóa thị trường

3. 문서와 관련된 용어는 베트남 정부의 결정문 30/2020/NĐ-CP(05/03/2020)을 참고한다.

제4항 속담과 고사성어 및 관용 표현

1. 속담, 격언, 고사성어, 관용 표현 등은 베트남어에서 가장 유사한 의미의 표현으로 번역한다.

2. 베트남어에 대응되는 표현이 있을 경우 해당 표현으로 번역하여 사용한다.

> 예
>
> 한 싼 게 비지떡이다. → 베 Của rẻ là của ôi.

3. 베트남어에 대응되는 표현이 없을 경우 베트남어의 유사 상황에서 쓰는 표현으로 적절하게 번역한다. 이때 직역하거나 설명하지 않도록 유의한다.

> 예
>
> 한 열 번 찍어 안 넘어가는 나무 없다.
> → 베 Chỉ cần không ngừng nỗ lực thì không việc gì là không thể.
> 한 수고하셨습니다.
> → 베 Chị vất vả rồi ạ./Cảm ơn

제 5 항 신조어와 유행어

1. 신조어와 유행어의 의미와 쓰임을 고려하여 베트남어의 맥락에 맞게 번역한다. 신조어가 단순히 줄어든 표현인 경우 풀어서 번역한다.

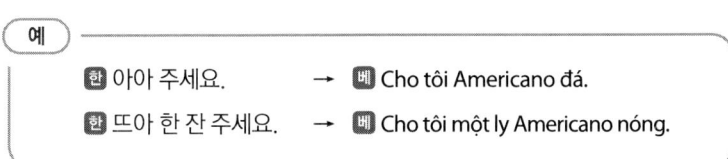

제 6 항 축약어

1. 원문의 한국어 또는 로마자 약어를 그대로 표기하는 것이 부적절한 경우, 베트남어에서 통용되는 방식으로 풀어서 번역할 수 있다.

2. 원문에 로마자 약어만 있으면 베트남어도 로마자로만 표기하고, 약어가 아닌 경우 베트남어도 약어를 쓰지 않는 것을 원칙으로 한다.

3. 원문이 '한글(로마자 약어)'의 형태인 경우, 한글 부분은 베트남어로 번역하고 괄호 안의 약어는 로마자 그대로 둔다. 한글 부분도 로마자일 경우 괄호를 제외하고 로마자 한 번만 표기하며, 이때 이중 표기가 되지 않도록 주의한다. **예** 유엔(UN) → UN(UN)처럼 이중 표기 금지.

출발어	베트남어	적합 여부
AI	AI	O
유엔	UN	O
유엔(UN)	UN	O
	UN (UN)	X
유니세프	UNICEF	O
	Quỹ nhi đồng liên hợp quốc	X

제7항   간접 인용과 직접 인용

1. 다른 사람이 한 말을 인용할 때에는 큰따옴표(" ")를 이용하거나 큰따옴표(" ")와 쉼표(,)를 이용하여 아래와 같은 형식으로 인용할 수 있다.

> 예
>
> 한 A가 "B"라고 말했다. → 베 A nói rằng "B". / "B", A nói.

제4절 문법 및 담화

제1항 문장 성분의 생략과 추가

1. 한국어와 달리 베트남어의 문장 성분은 잘 생략되지 않는다. 따라서 원문에 문장 성분이 생략되었을 경우 베트남어의 의미와 구조에 최대한 적절하게 추가하여 번역한다.

> 예
>
> 한 지난 1993년부터 격년으로 개최되고 있다.
> → 베 Sự kiện này đã được tổ chức cách 2 năm 1 lần từ năm 1993.

2. 의미상 불필요한 첨가와 누락은 하지 않는다.

제2항 관형사구

1. 원문의 관형사구가 복잡하여 한 문장으로 번역하기 어려운 경우 쉼표(,)를 사용하여 여러 문장으로 나누어 번역할 수 있다.

> 예
>
> 한 긴장한 표정의 영훈이 한 손에는 여권을 들고 주변을 두리번두리번한다.
> → 베 Yeonghun với gương mặt căng thẳng, một tay cầm hộ chiếu, mắt dáo dác nhìn xung quanh.

제3항 높임법과 공손성

1. 한국어에서 문법적 요소나 어휘 등을 통해 특정 인물을 높이거나 낮추는

표현의 방법 및 공손성 정도 등을 최대한 고려하되 베트남어의 특징과 맥락에 따라 적절하게 번역한다.

2. 높임법과 공손성이 드러날 수 있는 어휘와 표현을 사용하여 번역한다.

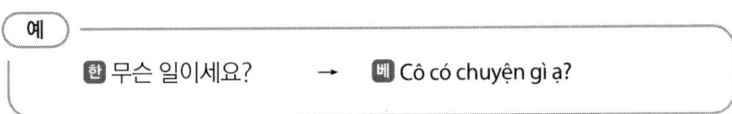

예

한 무슨 일이세요? → 베 Cô có chuyện gì ạ?

3. 높임의 대상이 불분명하거나 불특정 다수에 대한 표현은 정중한 방향으로 번역한다.

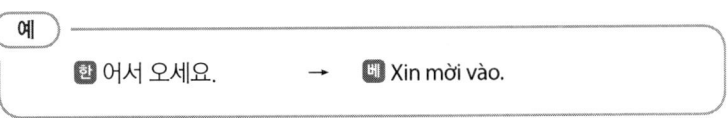

예

한 어서 오세요. → 베 Xin mời vào.

제4항 구어체와 문어체

1. 구어와 문어의 특징이 잘 드러나도록 알맞은 어휘와 표현을 사용하여 번역한다.

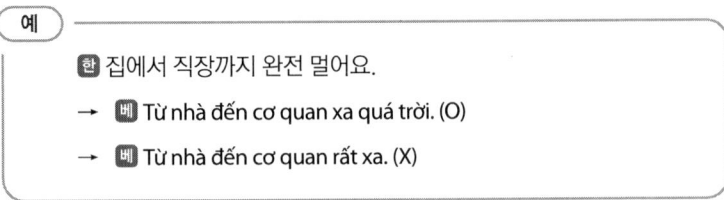

예

한 집에서 직장까지 완전 멀어요.
→ 베 Từ nhà đến cơ quan xa quá trời. (O)
→ 베 Từ nhà đến cơ quan rất xa. (X)

제5절 표기법

제1항 철자와 성조

1. 베트남어의 표준 규범에 따라 정확한 철자를 사용하여 번역한다.
2. 정확한 성조 표기에 주의한다.
3. 철자와 성조는 베트남에서 발행된 베트남어 국어사전을 참고한다.

> 예
>
> 한 아이가 넘어졌다. → Em bé bị ngã. (O) Em bé bị ngả. (X)

제2항 문장 부호와 특수 기호

1. 원문 끝에 문장 부호(마침표, 물음표, 느낌표)가 있을 경우, 번역문에도 동일한 기능의 문장 부호로 표시한다.
2. 특수 기호($, ®, ™ 등)는 원문과 동일하게 사용한다.

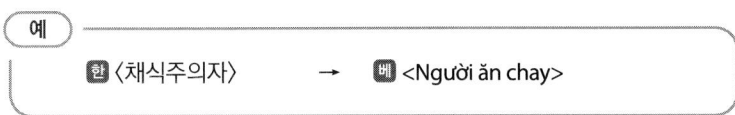

> 예
>
> 한 〈채식주의자〉 → 베 〈Người ăn chay〉

3. 원문에 강조나 인용 등을 위해 쓰인 작은따옴표(' ')는 번역문에서 큰따옴표(" ")로 표기한다.

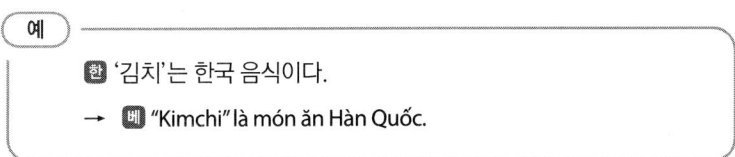

> 예
>
> 한 '김치'는 한국 음식이다.
> → 베 "Kimchi" là món ăn Hàn Quốc.

4. 일정한 기간, 범위를 나타내는 물결표(~)는 줄표(–)로 표시한다.

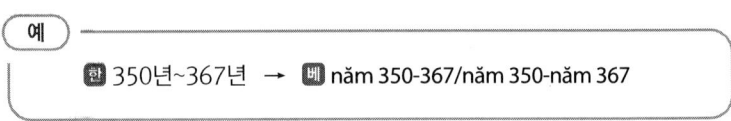

5. 날짜에 사용되는 기호는 원문과 동일하게 사용하되 순서에 주의한다.

제3항 로마자의 대문자와 소문자

1. 문장의 처음 및 고유 명사의 첫 글자는 대문자로 쓰고, 그 외에는 소문자로 쓴다.

2. 책, 영화, 기타 제목 등의 앞 글자는 대문자로 표기한다.

3. 원문에 로마자 약어가 소문자로 적힌 경우, 대문자로 표기한다.

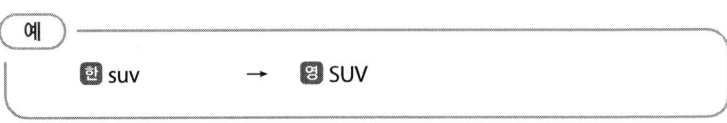

4. 고유 명사가 소문자로 적힌 경우, 앞 글자를 대문자로 표기하는 것이 원칙이다.

5. SNS 주소 등에서 로마자 약자와 인명은 그대로 유지한다.

> 예
>
> 한 RT@DonaldTrump → 영 RT@DonaldTrump

제4항 수사와 단위 명사

1. 숫자(기수/서수), 날짜(연/월/일/요일), 시간 등은 아라비아 숫자와 국제 통용 단위로 쓰는 것을 원칙으로 한다. 단위 명사는 그 의미와 기능을 고려하여 베트남어의 특성에 맞게 번역 및 표기한다.

2. 천, 만, 백만 등의 단위를 구별할 때에는 " . "으로, 소수점은 " , "으로 표기한다. 소수점의 경우, 국제 통용 단위에 따라 쓰는 경우도 허용한다.

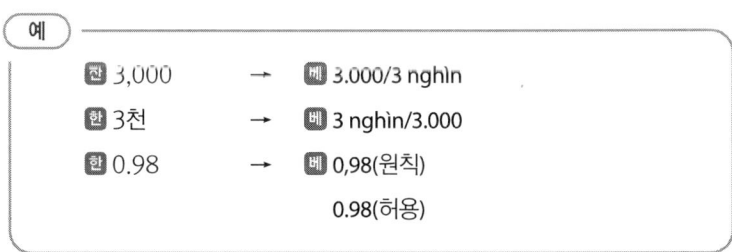

제5항 괄호 속 숫자 처리

1. 신문 기사에서 인명 뒤에 오는 괄호 속의 숫자가 나이를 나타내는 경우, 아라비아 숫자와 나이를 나타내는 후부 요소를 의미역하여 추가한다.

제6절 참고 자료

제1항 관련 규범

- 맞춤법에 대한 베트남 교육훈련부의 결정문
  240/QĐ(05/03/1984), 07/2003/QĐ-BGDĐT(13/03/2003), 1989/QĐ-BGDĐT(25/05/2018)
- 한글 맞춤법과 표준어 규정
  https://kornorms.korean.go.kr/regltn/regltnView.do#a
- 로마자 표기법과 로마자 표기 용례
  https://kornorms.korean.go.kr/example/exampleList.do?regltn_code=0004
- 외래어 표기법, 외래어 표기 용례집, 정부·언론외래어심의공동위원회 자료
  https://kornorms.korean.go.kr/example/exampleList.do?regltn_code=0003
- 공공 용어의 외국어 번역 용례
  https://publang.korean.go.kr/pubWord/pubWordDataIntro.do
- 문화재 명칭 영문 표기 기준 규칙
  https://www.law.go.kr/LSW/admRulLsInfoP.do?admRulSeq=2100000183730
- 자연·인공 지명 정비 및 관리 등에 관한 규정
  https://www.law.go.kr/LSW/admRulLsInfoP.do?admRulSeq=2100000197909#AJAX
- 도로명 주소법 시행 규칙
  https://www.juso.go.kr/openEngPage.do

제2항 사전 및 용례집 검색

- 국립국어원 한국어-베트남어 학습 사전
  https://krdict.korean.go.kr/vie
- 국립국어원 표준국어대사전
  https://stdict.korean.go.kr/main/main.do

- 우리말샘(전문가 감수 완료 항목만 적용)

  https://opendict.korean.go.kr

- 한국학중앙연구원 한국학영문용어용례사전

  http://digerati.aks.ac.kr:94

- 한국 미술 다국어 용어 사전

  https://www.gokams.or.kr:442/visual-art/art-terms/intro/info.asp

- 국립국어원의 표준전문용어집

  https://www.korean.go.kr/front/imprv/stndrdList.do?mn_id=159

- 국가기술표준원 표준용어사전

  https://standard.go.kr

- 한국정보통신기술협회 정보통신용어사전

  http://terms.tta.or.kr

- 대한의사협회 의학용어

  https://term.kma.org

- 국가생물종지식정보시스템

  http://www.nature.go.kr/main/Main.do

- 한경경제용어사전

  https://dic.hankyung.com

- 국방과학기술용어사전

  http://dtims.dtaq.re.kr:8070/search/main/index.do

제3항 참고 일람표

별표 1 한국어의 로마자 표기법

국어의 로마자 표기법

제1장 표기의 기본 원칙

제1항 국어의 로마자 표기는 국어의 표준 발음법에 따라 적는 것을 원칙으로 한다.

제2항 로마자 이외의 부호는 되도록 사용하지 않는다.

제2장 표기 일람

제1항 모음은 다음 각호와 같이 적는다.

1. 단모음

ㅏ	ㅓ	ㅗ	ㅜ	ㅡ	ㅣ	ㅐ	ㅔ	ㅚ	ㅟ
a	eo	o	u	eu	i	ae	e	oe	wi

2. 이중 모음

ㅑ	ㅕ	ㅛ	ㅠ	ㅒ	ㅖ	ㅘ	ㅙ	ㅝ	ㅞ	ㅢ
ya	yeo	yo	yu	yae	ye	wa	wae	wo	we	ui

[붙임 1] 'ㅢ'는 'ㅣ'로 소리 나더라도 ui로 적는다.

【보기】 광희문 Gwanghuimun

제2항 자음은 다음 각호와 같이 적는다.

1. 파열음

ㄱ	ㄲ	ㅋ	ㄷ	ㄸ	ㅌ	ㅂ	ㅃ	ㅍ
g, k	kk	k	d, t	tt	t	b, p	pp	p

2. 파찰음

ㅈ	ㅉ	ㅊ
j	jj	ch

3. 마찰음

ㅅ	ㅆ	ㅎ
s	ss	h

4. 비음

ㄴ	ㅁ	ㅇ
n	m	ng

5. 유음

ㄹ
r, l

[붙임 1] 'ㄱ, ㄷ, ㅂ'은 모음 앞에서는 'g, d, b'로, 자음 앞이나 어말에서는 'k, t, p'로 적는다.([ ] 안의 발음에 따라 표기함.)

한국어	영문 표기	한국어	영문 표기	한국어	영문 표기
구미	Gumi	영동	Yeongdong	백암	Baegam
옥천	Okcheon	함덕	Hamdeok	호법	Hobeop
월곶[월곧]	Wolgot	벚꽃[벋꼳]	Beotkkot	한밭[한받]	Hanbat

[붙임 2] 'ㄹ'은 모음 앞에서는 'r'로, 자음 앞이나 어말에서는 'l'로 적는다. 단, 'ㄹㄹ'은 'll'로 적는다.

한국어	영문 표기	한국어	영문 표기
구리	Guri	울릉	Ulleung
임실	Imsil	칠곡	Chillgok
설악	Seorak	대관령[대괄령]	Daegwallyeong

----로마자 표기법 이하 내용 생략(42쪽 공통 지침의 [별표 1] 참조)----

별표 2

옥스퍼드 영어 사전 등재 한국어 유래 단어의 예
(2022 업데이트)

구분	한국어	영문 표기
한식	갈비	Kalbi
	김밥	Gimbap
	김치	Kimchi
	불고기	Bulgogi
	비빔밥	Bibimbap
	잡채	Japchae
	치맥	Chimaek
호칭어/지칭어	누나	Nuna
	오빠	Oppa
	언니	Unni
한류 / K-합성어	한류	Hallyu
	K-드라마	K-drama
	K-팝	K-pop
	K-푸드, 컬쳐, 스타일, 뷰티	K-food / culture / style / beauty
문화 / 기타	기생	Kisaeng
	대박	Daebak
	만화	Manhwa
	먹방	Mukbang

구분	한국어	영문 표기
문화 / 기타	스킨십	Skinship
	시조	Sijo
	애교	Aegyo
	양반	Yangban
	온돌	Ondol
	원	Won
	재벌	Chaebol
	태권도	Taekwondo
	트로트	Trot
	파이팅	Fighting
	학원	Hagwon
	한글	Hangul
	한복	Hanbok
	PC방	PC bang

제4장
한국어-인도네시아어 번역 세부 지침

제4장
한국어-인도네시아어 번역 세부 지침

제1절 기본 원칙

제1항 의미의 정확성

1. 원문과 번역문이 의미 및 형식상으로 1:1 대응, 즉 등가성(equivalence)을 이루어야 한다. 즉, 원문의 맥락적 의미와 기능을 고려하여 정확하게 번역하며 원문이 한 문장일 경우 번역문도 한 문장으로 번역한다. 단, 한 문장으로 번역이 어려울 경우 쉼표로 처리할 수 있으며, 1:1로 번역하였을 때 번역문이 어색할 경우 문장을 일부 수정할 수 있다.

2. 의미상 불필요한 첨가와 누락, 내용의 불일치에 주의한다. 다만, 인도네시아어의 문법적 특징에 따라 생략된 한국어의 주어나 목적어 등을 복원하여 추가할 수 있다.

3. 중의적 표현의 경우, 맥락을 파악하여 정확한 의미로 번역한다. 특히 수식어가 수식하는 대상, 부정 표현이 부정하는 대상, 한국어 동음어와 다의어의 의미 파악, 번역 가능한 유의어의 적절한 선택을 고려하여 번역한다.

출발어	인도네시아어	적합 여부
세종 대왕은 1443년에 훈민정음을 창제하였다.	Maharaja Sejong menciptakan Hunminjeongeum pada tahun 1443.	O
	Maharaja Sejong menciptakan Hunminjeongeum pada tahun 1443 dan menyebarkannya pada tahun 1446.	X

제 2 항   맥락의 실제성

1. 원문의 목적, 용법, 요구, 맥락 등을 고려하여 적절하게 번역해야 한다.

2. 직역을 원칙으로 하되, 직역이 어색한 경우 원문의 의미에 충실하고 현지에서 실제로 사용하는 자연스러운 표현으로 번역한다.

> **예**
> 한 꼭 한번 가 보고 싶네요.
> → 인 Saya sangat ingin mengunjunginya suatu hari nanti.

3. 존댓말/반말, 격식체/비격식체의 경우, 원문의 성격과 맥락을 파악하여 번역한다. 불특정 다수에게 사용되는 문장은 정중한 표현으로 번역할 수 있다.

> **예**
> 한 빨간 화살표 방향으로 나가시면 됩니다.
> → 인 Anda bisa keluar ke arah panah merah.

제3항 문체의 적절성

1. 구어체–문어체, 격식체–비격식체의 차이가 드러날 경우 이를 고려하여 번역한다.

2. 일상대화 구어, 시나리오나 대본, 신문 기사 등의 장르적 특성이 드러날 경우, 인도네시아어에서도 이를 고려하여 번역한다.

3. 구어체는 인도네시아어 대사전(Kamus Besar Bahasa Indonesia, KBBI)에 등재되어 있는 어휘를 기반으로 번역한다.

> **예**
>
> 한 초등학생이 이런 거 보는 거 아냐.
> → 인 Anak SD tidak boleh menonton **beginian**.

제2절 고유 명사

1. 인도네시아어에 대응하는 번역어가 없는 고유 명사는 음역한다.
2. 고유명사의 음역은 로마자 표기법에 따라 음역한다. 한국어의 로마자 표기법은 117쪽의 [별표 1]과 같다.
3. 한국이 아닌 외국의 고유 명사의 경우, 원래 언어를 바탕으로 인도네시아어의 관련 규범이나 관용에 따라 적절하게 표기 및 번역한다.

제1항 인명

1. 한국어 인명은 성명 전체를 한국의 로마자 표기법에 따라 표기한다.
2. 한국어 인명은 성과 이름의 순서로 띄어 쓴다. 이름에서 일어나는 음운 변화는 표기에 반영하지 않으며, 이름에 '-' 기호를 사용하지 않는다.

> 예
>
> 한 김한길 → 인 Kim Han Gil
> 한 한복남 → 인 Han Bok Nam

3. 다만, 인명은 공식 표기법을 따르지 않고 그동안 써 오던 관용 표기를 존중하여 사용할 수 있다.
4. 외국어 인명은 원어를 고려하되 인도네시아어의 관련 규범이나 관용에 따라 적절히 표기한다.

제2항 기관명과 상품명

1. 기관명, 단체명, 기업명 및 상품명 등은 해당 기관이나 기업이 쓰는 공식 영어 표기 또는 인도네시아어 사용 지역의 관용 표기를 사용한다.
2. 그 외의 경우 제3항 인공 지명의 표기를 준용한다.

3. 단어별 첫 글자를 대문자로 쓴다. 단, 기관/기업의 특별한 표기 방식이 있다면 이를 따른다.

구분	한국어	인도네시아어
기관/단체	문화체육관광부	Kementerian Kebudayaan, Olahraga, dan Pariwisata
	국가인권위원회	Komisi Hak Asasi Manusia Nasional
기업	한국전력공사	Korporasi Tenaga Listrik Korea
	현대	Hyundai
상표	아이폰	iPhone
	샤넬	CHANEL

제3항 인공 지명

1. 인공 지명은 시장, 공원, 건물, 저수지, 교통시설 등 인간이 만든 구조물이나 시설물의 이름을 뜻한다.

2. 전부 요소는 음역하여 표기하고, 후부 요소는 의미역으로 제시한다.

예
- 한 동대문 시장 → 인 Pasar Dongdaemun
- 한 보라매 초등학교 → 인 Sekolah Dasar Boramae
- 한 용두산 공원 → 인 Taman Yongdusan
- 한 예당 저수지 → 인 Waduk Yedang

3. 단, 후부 요소가 다리를 뜻하는 '-교(橋)', '대교(大橋)'인 경우, 한국어 명칭 전체(전부+후부)를 음역 표기한 뒤, 후부 요소의 의미역을 '추가' 표기하는 것을 원칙으로 한다. 다만, 인도네시아어 사용 맥락에 따라 관용 표기 방식을 사용할 수 있다.

> **예**
>
> 한 경천교 → 인 Jembatan Gyeongcheongyo
> 한 광안대교 → 인 Jembatan Besar Gwangandaegyo

제4항 행정 구역명

1. 행정 구역명에서 전부 요소인 고유 명사는 한국의 로마자 표기법에 따라 표기한다.
2. 행정 구역명과 후부 요소인 행정 구역 단위 사이에는 붙임표(-)를 사용하되, 붙임표(-) 앞뒤에서 일어나는 음운 변화는 표기에 반영하지 않는다.
3. 행정 구역 단위는 아래와 같이 음역 표기한다. '시, 군, 읍'은 단위를 생략할 수 있고, '시, 도'는 맥락에 따라 음역 내신 의미역(예 Kota, Provinsi)으로 제시할 수 있다.

	출발어	로마자
1단계	도	-do
	시	-si
2단계	군	-gun
	구	-gu
3단계	읍	-eup
	면	-myeon
	동	-dong
4단계	리	-ri

4. 행정 구역명을 '충남, 전북'과 같이 줄여서 표기한 경우, 이를 풀어서 번역한다.

> **예**
> - 한 인왕리 → 인 Inwang-ri
> - 한 경기도 → 인 Gyeonggi-do / Provinsi Gyeonggi
> - 한 충청북도 → 인 Chungcheongbuk-do
> - 한 충북 → 인 Chungcheongbuk-do / Provinsi Chungcheongbuk
> - 한 서울시 → 인 Seoul / Kota Seoul

제5항 도로명

1. 도로명 중 '–대로', '-로', '-길(번길)'은 로마자 표기법에 따라 각각 '-daero', '-ro', '-gil(beon-gil)'로 표기하거나 인도네시아어 한글 음역 표기 기준에 따라 표기한다.

2. 다만, '고속도로'를 'Expressway'로 번역하듯이 인도네시아어 사용 맥락에 따라 의미역할 수 있다.

> **예**
> - 한 세종대로 → 인 Sejong-daero
> - 한 강변북로 → 인 Gangbyeonbuk-ro
> - 한 서간도길 → 인 Seogando-gil
> - 한 서해안 고속도로 → 인 Jalan Tol Seohaean

3. ※주의: 도로명에 포함된 인공 지명은 제3항 인공 지명 표기 원칙처럼 후부 요소를 의미역하지 않고, 인공 지명 전체(전부+후부)를 로마자로 표기하는 것이 원칙이다. 다만, 인도네시아어 사용 맥락에 따라 관용 표기 방식을 사용할 수 있다.

출발어	도착어	적합 여부
남산공원길	Taman Namsan-gil	X
	Namsangongwon-gil	O
당진시장길	Pasar Dangjin-gil	X
	Dangjinsijang-gil	O

제6항 자연 지명

1. 자연 지명은 자연적으로 형성된 곳으로 산, 고개, 섬, 강, 호수 등을 뜻한다.

2. 한국어 지명 전체(전부+후부)를 음역하여 표기한 뒤, 이해를 돕기 위해 지명의 후부 요소의 의미역을 '추가' 표기하는 것을 원칙으로 한다. 다만, 그동안 써 오던 관용 표기를 사용할 수 있다.

3. 외국의 지명은 원래 언어를 고려하여 인도네시아어의 규범이나 관용에 따라 번역한다.

4. 용어를 표제어로 사용할 경우, 후부 요소 의미역의 첫 글자는 대문자로 쓴다.

> 예
>
> 한 한강 → 인 Sungai Hangang
> 한 완도 → 인 Pulau Wando
> 한 남산 → 인 Gunung Namsan
> 한 장산곶 → 인 Tanjung Jangsangot

제7항 문화유산명 및 예술 작품명

1. 문화유산명의 번역 및 표기는 문화재청의 '문화재 명칭 영문 표기 기준 규

칙'을 준용한다.

2. 명칭 전체(전부+후부)를 음역 표기한 뒤, 후부 요소의 의미역을 추가할 수 있다. 다만 그동안 써 오던 관용 표기를 사용할 수 있다.

3. 책, 그림, 노래, 영화와 같은 예술 작품은 제목 전체를 로마자로 음역 표기하거나 공식 영문 표기를 사용할 수 있다. 다만 인도네시아어로 의미역 된 것이라면 이를 반영하여 번역할 수 있다.

4. 작품 제목의 띄어쓰기는 관행을 고려하여 한국어의 의미 단위로 띄울 수 있다. 이 경우 첫 글자만 대문자로 쓰고 나머지 단어의 첫 글자는 소문자로 표기한다.

한국어	인도네시아어	적합 여부
불국사	Kuil Bulguksa	O
삼국사기	Samguksagi	O
	Samguk Sagi	O (의미 단위 띄어쓰기 허용)

제8항 음식명

1. 한국 고유의 음식명은 전체를 한국의로마자 표기법에 따라 표기하거나 의미역할 수 있다. 단, 음식명의 표기는 소문자로 한다.

2. 인도네시아어 사용 지역에서 이미 널리 알려진 음식명은 음역만 제시할 수 있다. 단, 인도네시아어 대사전(Kamus Besar Bahasa Indonesia, KBBI)에 등재된 것이라면 사전의 표기를 따른다.

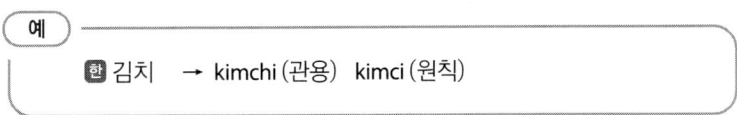

3. 음식명의 의미역은 재료명, 맛, 조리법, 형태 중 특징적인 요소를 드러내어 간결하게 번역한다. 음식명 의미역은 123쪽 [별표 5]를 참고하여 번역할 수 있다.

4. 음식명을 의미역한 결과가 음식명으로 부적절한 경우 음역만 제시할 수 있다.

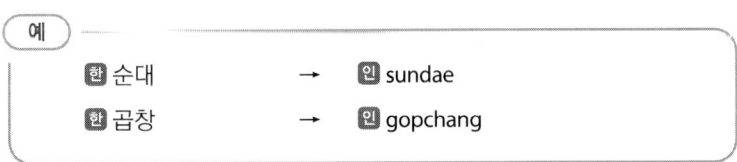

5. 한식이 아닌 외국 음식은 원래 음식명을 고려하되 인도네시아어 맥락에 맞게 번역 및 표기한다.

제9항 기타

1. 2014년 인도네시아 대통령령에 따라 중국은 Tiongkok으로 표기한다.

제3절 어휘 및 표현

제1항 보통 명사

1. 보통 명사는 인도네시아어 중 가장 적절하게 대응하는 단어 및 표현으로 의미역한다. 이때 한국어-인도네시아어 학습 사전을 참고하되, 문맥과 실제 사용 양상을 고려하여 유연하게 적용한다.

2. 단, 한국어-인도네시아어 학습 사전에(https://krdict.korean.go.kr/ind) 두 가지 이상의 용례가 존재할 경우, 빈도수가 높은 용례를 따른다.

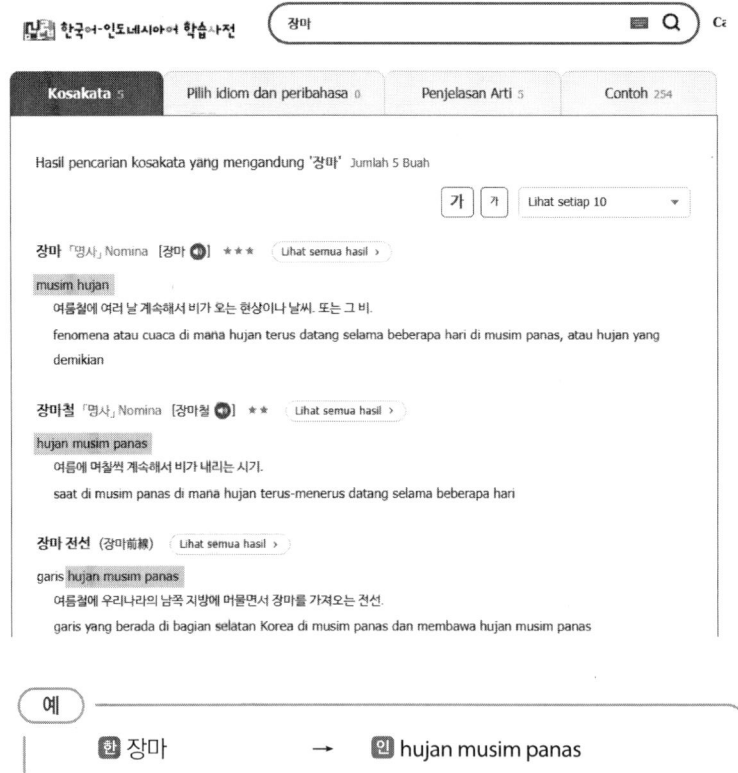

3. 보통 명사 중 한국 고유의 문화 용어로서 인도네시아어 대응역을 찾기 어려운 경우, 한국의 로마자 표기법에 따라 음역한다. 즉, 의미역하거나 해설을 추가하지 않는다.

한국어	인도네시아어	적합 여부
사주팔자	sajupalja	O
	sajupalja (delapan huruf yang menunjukkan tahun, bulan, tanggal lahir dan waktu lahir seseorang)	X

제2항 대명사

1. 한국어의 대명사는 인도네시아어의 특징과 맥락에 따라 적절하게 번역한다.

> **예**
>
> 한 저쪽에 맡겨 주시고 찾으실 때 이 종이 보여 주세요.
> → 인 Silakan titipkan itu ke sana dan tunjukkan kertas ini ketika Anda ingin mengambilnya.
> 한 그 지우개는 칠판 지우개입니다.
> → 인 Penghapus itu penghapus papan tulis.
> 한 택시비를 네가 내면 밥은 내가 살게.
> → 인 Kalau kamu yang bayar taksi, aku yang bayar makan.
> 한 대한민국 국민 여러분, 실제 상황입니다.
> → 인 Warga Korea Selatan sekalian, ini situasi yang sebenarnya.

2. 2인칭 대명사는 일반적인 용례에 따라 'kamu'를 사용하며, 아래와 같이 격식 표현이 필요할 경우에 한하여 'Anda'를 사용할 수 있다.

① 고객-점원의 상황

> **예**
>
> 한 다른 거 필요하신 건 없으세요?
> → 인 Apakah tidak ada hal lain yang Anda butuhkan?
> 한 이쪽 라인 보시면, 베스트 장난감들 모아 놨습니다.
> → 인 Jika Anda melihat baris ini, kami telah mengumpulkan mainan-mainan terbaik.

② 안내 상황

> **예**
>
> 한 빨간 화살표 방향으로 나가시면 됩니다.
> → 인 Anda bisa keluar ke arah panah merah.
> 한 이쪽에 맡겨 주시고 찾으실 때 이 종이 보여 주세요.
> → 인 Silakan titipkan itu ke sini dan tunjukkan kertas ini ketika Anda ingin mengambilnya.

③ 광고, 홍보 상황

> **예**
>
> 한 이벤트가 종료되면 아이템을 받을 수 있습니다.
> → 인 Anda bisa mendapatkan item ini setelah event berakhir.

3. 누구인지 확실하지 않거나 굳이 밝히려고 하지 않을 때 쓰는 '김 모 씨, 이 모 씨' 등 표현의 번역에서 맥락상 성별이 확실치 않을 경우 'saudara Kim, saudara Lee' 등으로 번역할 수 있으며, 이는 문맥과 실제 사용 양상을 고려하여 유연하게 적용한다.

4. 단, 'A 씨, B 씨' 등은 인도네시아에서 흔히 쓰이는 표현이므로 'saudara A'로 번역하지 않고 'A, B'로 번역한다.

5. 신문 기사 등 공식적인 문서에서 '우리' 등의 대명사를 사용하여 '정부'를 나타낼 경우 어느 정부를 의미하는 것인지 밝힌다.

> 예
>
> 한 아울러 "향후 과정에서도 캐나다 등 국제 사회와 긴밀히 협력해 나갈 것"이라며 우리 정부의 입장을 드러냈다.
> → 인 Pihak pemerintah Korea Selatan menambahkan, "Kami akan terus bekerja sama dengan komunitas internasional seperti Kanada pada proses selanjutnya juga."

제3항 숫자와 단위

1. 숫자(기수/서수), 날짜(연/월/일/요일), 시간 등은 아라비아 숫자와 국제 동용 단위로 쓰는 것을 원칙으로 한다. 단위 명사는 그 의미와 기능을 고려하여 인도네시아어의 특성에 맞게 번역 및 표기한다.

2. 단위 명사는 소문자로 쓴다.

3. 달러(dollar)의 경우 '미국 달러'로 표기되어 있는 경우에만 'dolar Amerika'로 번역하며, 그 외에는 'dolar'로 번역한다.

4. 숫자 표기 시 천 단위에는 마침표를, 소수점에는 쉼표를 사용한다. 단위 명사는 숫자 또는 수사와 띄어 쓴다.

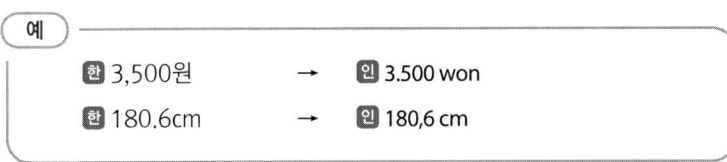

5. 시간 표현은 아래를 기준으로 번역한다.
원문에 '오전', '오후' 등 시간 관련 표현이 있을 경우 인도네시아어에 맞게 'subuh, pagi, siang, sore, malam' 등을 사용하여 번역한다.

원칙	한국어	인도네시아어
24시간 기준: pukul	18시	pukul 18
12시간 기준: jam	오후 4시	jam 4 sore
원문에서 구분이 명확하지 않을 경우: jam	6시	jam 6

제4항 외래어와 외국어

1. 외래어와 외국어의 구별은 『표준국어대사전』과 『우리말샘』 등재 여부를 기준으로 한다.

2. 고유 명사가 아닌 외국어와 외래어는 그것이 가리키는 개념이나 대상에 대응하는 인도네시아어의 실제 표현으로 번역 및 표기한다. 이때 실제 사용 여부가 중요하므로 어원이 달라도 가능하다.

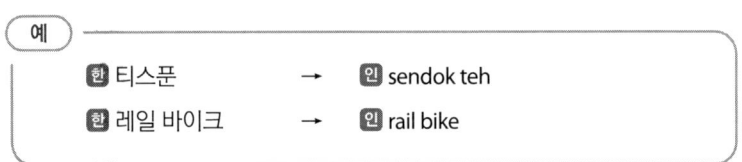

3. 한편, 한국식 영어 표현(예 스킨십 skinship, 파이팅 fighting 등) 또는 한국어 표현(예 오빠 oppa, 김치 kimci 등)이 인도네시아어에서 통용되는 경우 그대로 사용할 수 있다.

제5항 전문 용어

1. 전문 용어는 법률, 군사, 경제, 심리, 교육, 과학, 의학, 공학, 건설, 예술, 종교 등 전문 분야에서 주로 사용하는 용어를 뜻한다.

2. 전문 용어의 정확한 의미를 고려하고, 한국어-인도네시아어 학습사전 또는 한국어-영어 전문 용어 번역 용례를 참고하여 번역한다. 동식물 등은 학명을 참고할 수 있다.

- 한국어 전문 용어의 의미 검색: 『우리말샘』, 네이버백과사전, 각종 전문 용어사전
- 표준화된 한-영 번역 참고: 국립국어원의 표준전문용어집, 국가기술표준원의 표준용어사전, 한국정보통신기술협회 정보통신용어사전, 대한의사협회 의학용어, 국가생물종지식정보시스템, 국방과학기술용어사전, 법령용어정보사전 등

출발어	영어	인도네시아어
고등법원	High Court	pengadilan tinggi
선물거래	futures trading	perdagangan berjangka
편도선	tonsil	amandel

3. 주식회사를 뜻하는 '㈜'는 'PT'로 번역할 수 있다. 이는 문맥과 실제 사용 양상을 고려하여 유연하게 적용한다.

> 예
>
> 한 수상자 중엔 ㈜AIA의 'A-Plus Health Plan', 대만 하이윈 테크놀로지(HIWIN Technologies Corp), 올람 인터내셔널(Olam International Ltd) 등도 있어 눈에 띈다.
> → 인 Di antara semua pemenang, terdapat 'A-Plus Health Plan' milik PT AIA, Teknologi Hiwin Taiwan (HIWIN Technologies Corp), dan Olam International (Olam International Ltd) yang terlihat menonjol.

제6항 친족어 및 호칭어/지칭어

1. 한국어는 친족어(예 형, 오빠, 누나, 언니 등)가 다양하게 발달되어 있다. 인도네시아어에 일대일 대응이 가능한 어휘가 있다면 그 어휘로 번역한다. 만약 그렇지 않다면 인도네시아어의 특징과 맥락에 맞게 적절하게 번

역한다.

2. 한국어는 가족이 아닌 사람에게도 친족어(이모, 형, 오빠, 누나, 언니, 동생 등)로 부르는 등의 언어문화적 특징이 있다. 또한 화자-청자 관계 및 상황에 따라 부르거나 지칭하는 표현이 다양하다(예 자기, 당신, 여보, 선생님, 사장님 등). 그러므로 이러한 한국어의 특징을 바탕으로 문맥 내 인물 간 관계를 최대한 파악한 뒤, 인도네시아어의 특징과 맥락에 맞게 적절하게 번역한다.

> **예**
>
> 한 이모, 여기에 잡채도 추가해 주세요.
> → 인 Ibu, tolong tambahkan japchae juga di sini.
> 한 선생님, 그러면 앉으면 그림 그려도 돼요?
> → 인 Ibu, kalau begitu, bolehkan saya menggambar kalau saya duduk?

제7항 속담과 고사성어 및 관용 표현

1. 속담, 격언, 고사성어, 관용 표현 등은 인도네시아어에서 가장 유사한 의미의 표현으로 번역한다.
2. 특히, 한국어의 특정 상황에서 쓰는 관용구나 관용 표현은 인도네시아어의 유사 상황에서 쓰는 표현으로 적절하게 번역한다. 이때 직역하거나 설명하지 않도록 유의한다.

> **예**
> 한 원숭이도 나무에서 떨어진다.
> → 인 Sepandai-pandai tupai meloncat, sekali terjatuh juga.
> 한 토사구팽
> → 인 Habis manis sepah dibuang.
> 한 양다리를 걸치다
> → 인 berkepala dua

제8항 연어, 공기 관계, 선택 제약

1. 연어(連語, collocation): 두 개 이상의 단어가 결합하여 의미적으로 하나의 단위를 이루는 말을 뜻한다.
2. 한국어의 연어나 공기 관계를 고려하되, 인도네시아어의 특징에 맞게 가감, 조정하여 번역한다.

> **예**
> 한 잠을 자다   →   인 tidur
> 한 꿈을 꾸다   →   인 bermimpi

제9항 신조어와 유행어

1. 신조어와 유행어의 의미와 쓰임을 고려하여 인도네시아어의 맥락에 맞게 번역한다. 인도네시아어에도 유사한 신조어나 유행어가 있을 경우 검수팀 내 합의에 따라 적용할 수 있으나 적절성에 대한 합의가 어려운 사례는 음역한다.
2. 신조어가 단순히 줄어든 표현인 경우 풀어서 번역할 수 있다.

> **예**
>
> 한 아아 주세요.
> → 인 Tolong berikan es amerikano.
> 한 뜨아 주세요.
> → 인 Tolong berikan amerikano panas.

제10항 축약어

1. 원문의 한국어 또는 로마자 약어를 그대로 표기하는 것이 부적절한 경우, 인도네시아어에서 통용되는 방식으로 풀어서 번역할 수 있다.
2. 원문에 약어만 있으면 인도네시아어도 약어만 표기하고, 약어가 아닌 경우 인도네시아어도 약어를 쓰지 않는 것을 원칙으로 한다. 다만, 인도네시아어의 맥락과 관용에 따라 표기할 수 있다.
3. 원문이 '한글(로마자 약어)'의 형태인 경우, 한글 부분은 번역하고 약어는 그대로 둔다. 로마자 사용 언어는 한글만 번역하여 표기할 수 있으며, 이때 이중 표기가 되지 않도록 주의한다.

출발어	도착어	적합 여부
엘에이다저스	LA Dodgers	O
맨유	Manchester United	O
피파	FIFA	O
피파(FIFA)	FIFA	O
	FIFA (FIFA)	X
유럽연합(EU)	European Union (EU)	O
	European Union	O
	EU (EU)	X

제4절 문법 및 담화

제1항 문장 성분의 추가 기준 및 방법

1. 한국어는 문장 성분의 생략이 빈번히 발생한다. 인도네시아어에서 이를 복원해야 할 경우 아래의 원칙에 따라 복원한다. 단, 복원이 어렵거나 부자연스러울 경우, 수동태로 전환하여 번역할 수 있다.

① 생략된 주어나 대상이 맥락상 명백할 경우 이를 복원함.

> 예
>
> 한 면접 잘 보고 오세요.
> → 인 Semoga wawancaramu sukses.
> 한 꼭 한번 가 보고 싶네요.
> → 인 Saya sangat ingin mengunjunginya suatu hari nanti.

② 생략된 주어가 명백하지 않을 경우 장르의 특징에 따라 복원함.
 - 시나리오의 경우 'Mereka'로 복원함.

> 예
>
> 한 겨울 편서풍을 타고 넘어올 방사성 물질을 피해 태백산맥을 넘어야 한다.
> → 인 Saat mendaki pegunungan Taebaek, mereka harus menghindari partikel radioaktif yang terbawa oleh hembusan angin barat musim gugur.

- 신문의 경우 해당 주체를 복원함.

> **예**
>
> 한 도입 직후부터 신메뉴 개발로 다양한 맛 제공과 꼼꼼한 재고 관리 전략에 힘쓴 결과 35년째 프리미엄 아이스크림 시장 원톱을 유지하고 있다.
> → 인 Berkat upaya pengembangan menu baru dengan menyediakan berbagai rasa dan pengelolaan strategi manajemen stok dengan cermat, perusahaan ini telah mempertahankan posisi pertama di pasar es krim premium selama 35 tahun sejak diperkenalkan.

제2항 문장의 유형

1. 원문이 평서문, 의문문, 청유문, 명령문, 감탄문일 경우 번역문도 최대한 동일한 문장의 유형으로 번역한다. 단, 자연스러운 번역을 위해 일부 문장 유형의 변화는 허용한다.

> **예**
>
> 한 내가 아니거든?
> → 인 Bukan saya. / Bukan saya!
> 한 거기 맛집일 수도 있잖아!
> → 인 Bisa jadi itu restoran yang enak, kan?

2. 원문이 한 문장인 경우, 번역문도 최대한 한 문장이어야 한다. 단, 형용사구 사용 등 자연스러운 번역을 위해 쉼표의 추가 및 삭제는 가능하다.

3. 판정 의문문의 번역 시 의문대명사 'apakah'를 첨가하여 번역할 수 있다.

> **예**
> 한 또 다른 거 있나요?
> → 인 Apakah ada yang lain?
> 한 니체 책이 재미있어?
> → 인 Apakah buku Nietzsche seru?

제3항 긍정과 부정

1. 긍정문과 부정문은 한국어의 평서문과 의문문에서의 긍정과 부정의 표현이다. 그 의미와 의도를 고려하고 인도네시아어의 맥락에 맞게 번역한다. 경우에 따라 긍정을 부정으로, 또는 부정을 긍정으로 바꿀 수 있으나 이러한 변환은 최소화한다.

2. 부정 의문문의 경우 원문의 의미를 살려 최대한 동일하게 번역한다.

> **예**
> 한 혹시 따뜻한 물은 없나요?
> → 인 Apakah tidak ada air hangat?

제4항 능동, 피동, 사동

1. 한국어 원문이 능동이라도 인도네시아어의 문법적 특징 또는 자연스러운 번역을 위해서 피동이나 사동으로 바꿀 수 있다.

2. 다만, 원문의 방식으로 번역하여도 무리가 없다면 이러한 변환은 최소화한다.

> **예**
>
> 한 김치는 배추로 만듭니다.
> → 인 Kimci dibuat dari sawi putih.
> 한 이들 제품은 정품과 달리 소비자에게 제공하는 품질 보증서 등이 없었다.
> → 인 Berbeda dengan produk asli, produk mereka tidak memiliki surat jaminan kualitas yang disediakan kepada konsumen.

제 5 항 높임법과 공손성

1. 높임법은 한국어에서 문법적 요소나 어휘 등을 통해 특정 인물을 높이거나 낮추는 표현의 방법을 말한다.

2. 공손성 정도 등을 최대한 고려하되 인도네시아어의 특징과 맥락에 따라 적절하게 번역한다.

3. 높임의 대상이 불분명하거나 불특정 다수에 대한 표현은 정중한 방향으로 번역한다.

제 5 절 표기법

제 1 항　철자

1. 인도네시아어의 표준 규범에 따라 정확한 철자를 사용하여 번역한다.
2. 인도네시아어의 철자 및 띄어쓰기는 인도네시아어 대사전(Kamus Besar Bahasa Indonesia. KBBI) 또는 인도네시아어 공통 철자법(Ejaan Bahasa Indonesia yang Disempurnakan)을 참고한다.

제 2 항　띄어쓰기

1. 인도네시아어의 띄어쓰기는 규범에 맞게 한다.
2. 특히 한 단어처럼 쓰이는 '전치사+명사'의 경우에도 어법에 맞게 띄어 쓰도록 한다.

> **예**
>
> | | |
> |---|---|
> | kesini (X) | ke sini (O) |
> | dimana (X) | di mana (O) |
> | kemana (X) | ke mana (O) |
> | diantara (X) | di antara (O) |
> | apapun (X) | apa pun (O) |

3. 괄호 사용 시 앞 문자와 띄어 쓴다.

> **예**
>
> 한 금융감독원에 따르면 산은의 국제결제은행(BIS) 기준 총자본 비율은 1분기 말 기준 13.33%로 작년 말보다 0.73%포인트 하락했다.
>
> → 인 Menurut Badan Pengawas Keuangan, total rasio modal standar untuk Bank Pembayaran Internasional (BIS) hingga akhir kuartal pertama, telah tercatat 13,33%, turun 0,73% dari akhir tahun lalu.

제3항 문장 부호와 특수 기호

1. 원문 끝에 문장 부호(마침표, 물음표, 느낌표)가 있을 경우, 번역문에도 동일한 기능의 문장 부호로 표시한다. 단, 인도네시아어에서의 문장 부호 기능이 다를 경우 번역 시 인도네시아어의 문장 부호 기능을 따른다.

2. 인도네시아어 문장 부호의 기능은 인도네시아어 공통 철자법(Ejaan Bahasa Indonesia yang Disempurnakan)을 참고한다.

3. 문장 부호 표기의 주요 내용은 아래와 같으며, 번역 시 아래 내용을 참고할 수 있다.

   ① pada + 시간
   - pada가 시간을 나타내는 명사와 함께 문장 앞부분에 쓰일 경우 쉼표를 사용하지 않음.

   > **예**
   >
   > Pada tahun 1395 Istana Gyeongbokgung dibangun sebagai istana utama.

② tetapi, namun, melainkan, sedangkan
- 해당 접속사가 문장 중에 나타날 경우, 접속사 앞 명사, 구, 절 등에 쉼표를 사용함.
- tetapi는 문두에 쓰지 않음.

> 예
> Saya ingin membeli kamera, tetapi uang saya belum cukup.

③ Namun
- 'namun'이 문두에 나타날 경우 바로 뒤에 쉼표를 사용함.

> 예
> Namun, harga rumah di Seoul sangat mahal.

④ 접속사구
- 접속사구가 문장에 선행하는 경우 접속사구 다음에 쉼표를 사용함.

> 예
> Karena hujan turun sangat deras semalam, rumah saya kebanjiran.
> Sebelum orang tua kami pulang, kami selalu membereskan rumah.

⑤ dan, atau
- 두 개의 명사, 구, 절, 문장 사이에서는 쉼표를 사용하지 않는다.
- A dan/atau B

> 예
> Saya mau berenang dan bersepeda waktu liburan.
> Kemarin malam ayah membaca koran di ruang tamu, ibu menonton TV di ruang keluarga, dan adik belajar di kamarnya.

⑥ 명사를 꾸미는 'yang'
 - 'yang'이 명사를 꾸밀 경우 쉼표를 쓰지 않는다.

> **예**
>
> Sebagai tanggapan, pengadilan Inggris mengakui tanggung jawab Samsung Heavy Industries dan memberi keputusan untuk mengganti rugi, tetapi Samsung Heavy Industries yang mendapat keputusan tersebut keberatan dengan putusan tersebut dan mengumumkan rencana untuk mengajukan banding ke Pengadilan Tinggi Inggris meski akhirnya mengakhiri perselisihan dengan pembayaran penyelesaian.

4. 원문에 없는 ( ) [ ] / 등의 부호를 이용하여 불필요한 설명을 추가하지 않는다. 괄호 사용 시, 괄호 앞뒤는 한 칸씩 띄운다.

한국어	인도네시아어	적합 여부
한강	Sungai Hangang	O
	Hangang (sungai yang mengalir mulai dari pegunungan Taebaek ke laut barat melewati wilayah tengah Korea)	X

5. 특수 기호(·, $, ®, ™ 등)는 원문과 최대한 동일하게 사용하되 인도네시아어의 특징과 맥락에 따라 조정할 수 있다.

> **예**
>
> 한 넓은 영역을 수시로 추적하는 트래킹 작업 없이 즉시 송·수신이 가능하다.
> → 인 Hal ini memungkinkan pengiriman dan penerimaan segera tanpa pelacakan berkala dalam bidang yang luas.

6. 원문에 강조나 인용 등을 위해 쓰인 작은따옴표는 번역문에서 동일하게 표기한다.

> 예
>
> 한 2020년 상반기 삼성전자 스마트폰 플래그십 라인업을 주도할 갤럭시 S11+가 '블루투스' 인증을 획득했다.
> → 인 Galaxy S11+ yang akan memimpin jajaran ponsel pintar unggulan Samsung Electronics pada paruh pertama tahun 2020 telah memperoleh sertifikasi 'Bluetooth'.
> 한 캐나다 시장을 주도하고 있는 포드, GM, FCA 등 미국 '빅 3'는 판매량이 일제히 감소했다.
> → 인 '3 Besar' Amerika Serikat, seperti Ford, GM, dan FCA yang memimpin pasar Kanada, mengalami penurunan penjualan serentak.

7. 문장 내의 인용문 번역 시 쉼표 및 마침표는 인도네시아어 공통 철자법 (EYD)에 따라 표기한다.

> **예**
>
> 한 이어 "가격대는 알 수 없으나 가능한 가격대를 낮추려고 노력하고 있다"라고 덧붙였다.
> → 인 "Kisaran harganya belum dapat diketahui, tetapi kami berusaha untuk menurunkan kisaran harganya semaksimal mungkin," tambahnya.
>
> 한 타날 의원은 답변에 대해서 "설득력 있는 답변을 받지 못했다"라고 밝혔다.
> → 인 Mengenai jawaban ini, anggota legislatif Tanal mengatakan, "Saya belum mendapatkan jawaban yang meyakinkan."
>
> 한 항공업계 관계자는 "전세기 여행 상품을 통해 여객 수요가 늘고, 반응이 좋으면 정기편 취항 가능성이 높아진다"라고 밝혔다.
> → 인 Seorang pihak terkait dari industri penerbangan mengatakan, "Jika permintaan penumpang meningkat melalui produk paket perjalanan pesawat sewaan dan responnya baik, kemungkinan penerbangan reguler akan meningkat."
>
> 한 잭스 인베스트먼트 리서치는 "KT는 작년 4월 3일 세계 최초로 5G 상용화에 성공했다"라며 "5G에 중점을 두고 더욱 향상된 서비스를 출시할 것"이라고 평가했다.
> → 인 "KT berhasil mengomersialkan 5G untuk pertama kalinya di dunia pada 3 April tahun lalu," kata Jax Investment Research dan menambahkan, "Kami akan merilis layanan yang lebih dikembangkan dan berfokus pada 5G."

제4항 로마자의 대문자와 소문자

1. 문장의 처음 및 고유 명사의 첫 글자는 대문자로 쓰고, 그 외에는 소문자로 쓴다.

2. 책, 영화, 기타 제목 등의 앞 글자는 대문자로 표기한다.
3. 원문에 로마자 약어가 소문자로 적힌 경우, 대문자로 표기할 수 있다.

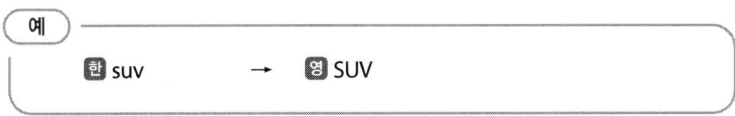

4. 원문에 고유 명사가 소문자로 적힌 경우, 앞 글자를 대문자로 표기할 수 있다.

5. SNS 주소 등의 로마자 약자와 인명은 그대로 유지한다.

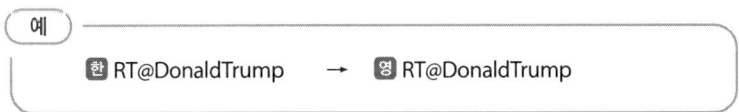

6. 단위 명사는 소문자로 쓴다.

예

한 반면 물 사용량이 가장 적은 제품에는 중국 하이얼 세탁기(모델 HWT60AW1·599달러)가 올랐다.

→ 인 Di sisi lain, mesin cuci Haier Tiongkok (model HWT60AW1, 599 dolar) menjadi produk yang menggunakan air paling sedikit.

제6절 참고 자료

제1항 관련 규범

- 인도네시아어 공통 철자법
  https://ejaan.kemdikbud.go.id/
- 한글 맞춤법과 표준어 규정
  https://kornorms.korean.go.kr/regltn/regltnView.do#a
- 로마자 표기법과 로마자 표기 용례
  https://kornorms.korean.go.kr/example/exampleList.do?regltn_code=0004
- 외래어 표기법, 외래어 표기 용례집, 정부·언론외래어심의공동위원회 자료
  https://kornorms.korean.go.kr/example/exampleList.do?regltn_code=0003
- 문화재 명칭 영문 표기 기준 규칙
  https://www.law.go.kr/LSW/admRulLsInfoP.do?admRulSeq=2100000183730
- 자연·인공 지명 정비 및 관리 등에 관한 규정
  https://www.law.go.kr/LSW/admRulLsInfoP.do?admRulSeq=2100000197909#AJAX
- 도로명 주소법 시행 규칙
  https://www.juso.go.kr/openEngPage.do

제2항 사전 및 용례집 검색

- 국립국어원 한국어-인도네시아어 학습 사전
  https://krdict.korean.go.kr/ind/mainAction?nation=ind
- 인도네시아어 대사전(KBBI)
  https://kbbi.kemdikbud.go.id/
- 인도네시아어 전문 용어 및 외래어 사전
  https://pasti.kemdikbud.go.id/home.php

- 인도네시아어 전문 용어 참고집

  http://indonesia21.net/bbs/board.php?bo_table=notice&wr_id=74

- 문화체육관광부 다국어 포털

  https://indonesian.korea.net/

- 국립국어원 표준국어대사전

  https://stdict.korean.go.kr/main/main.do

- 우리말샘(전문가 감수 완료 항목만 적용)

  https://opendict.korean.go.kr

- 공공 용어의 외국어 번역 용례

  https://publang.korean.go.kr/pubWord/pubWordDataIntro.do

- 한국학중앙연구원 한국학영문용어용례사전

  http://digerati.aks.ac.kr:94

- 한국미술다국어용어사전

  https://www.gokams.or.kr:442/visual-art/art-terms/intro/info.asp

- 국립국어원의 표준전문용어집

  https://www.korean.go.kr/front/imprv/stndrdList.do?mn_id=159

- 국가기술표준원 표준용어사전

  https://standard.go.kr

- 한국정보통신기술협회 정보통신용어사전

  http://terms.tta.or.kr

- 대한의사협회 의학용어

  https://term.kma.org

- 국가생물종지식정보시스템

  http://www.nature.go.kr/main/Main.do

- 한경경제용어사전

  https://dic.hankyung.com

- 국방과학기술용어사전

    http://dtims.dtaq.re.kr:8070/search/main/index.do

제3항   참고 일람표

별표 1   한국어의 로마자 표기법

국어의 로마자 표기법

제1장 표기의 기본 원칙

제1항 국어의 로마자 표기는 국어의 표준 발음법에 따라 적는 것을 원칙으로 한다.

제2항 로마자 이외의 부호는 되도록 사용하지 않는다.

제2장 표기 일람

제1항 모음은 다음 각호와 같이 적는다.

1. 단모음

ㅏ	ㅓ	ㅗ	ㅜ	ㅡ	ㅣ	ㅐ	ㅔ	ㅚ	ㅟ
a	eo	o	u	eu	i	ae	e	oe	wi

2. 이중 모음

ㅑ	ㅕ	ㅛ	ㅠ	ㅒ	ㅖ	ㅘ	ㅙ	ㅝ	ㅞ	ㅢ
ya	yeo	yo	yu	yae	ye	wa	wae	wo	we	ui

---로마자 표기법 이하 내용 생략(42쪽 공통 지침의 [별표 1] 참조)---

> 별표 2

Kamus Besar Bahasa Indonesia 등재 한국어 유래 단어의 예

(2022 업데이트)

한국어	인도네시아어 표기
고추장	gocujang
김치	kimci
만두	mandu
만화	manhwa
먹방	mokbang / mukbang
반찬	bancan
비빔밥	bibimbap
빙수	bingsu
오빠	oppa
한복	hanbok

별표 3

옥스퍼드 영어 사전 등재 한국어 유래 단어의 예
(2022 업데이트)

구분	한국어	영문 표기
한식	갈비	Kalbi
	김밥	Gimbap
	김치	Kimchi
	불고기	Bulgogi
	비빔밥	Bibimbap
	잡채	Japchae
	치맥	Chimaek
호칭어/지칭어	누나	Nuna
	오빠	Oppa
	언니	Unni
한류 / K-합성어	한류	Hallyu
	K-드라마	K-drama
	K-팝	K-pop
	K-푸드, 컬쳐, 스타일, 뷰티	K-food / culture / style / beauty
문화 / 기타	기생	Kisaeng
	대박	Daebak
	만화	Manhwa
	먹방	Mukbang

구분	한국어	영문 표기
문화 / 기타	스킨십	Skinship
	시조	Sijo
	애교	Aegyo
	양반	Yangban
	온돌	Ondol
	원	Won
	재벌	Chaebol
	태권도	Taekwondo
	트로트	Trot
	파이팅	Fighting
	학원	Hagwon
	한글	Hangul
	한복	Hanbok
	PC방	PC bang

별표 4

자연 지명 후부 요소 번역어 일람표

※ [별표 4]의 영어 번역은 문화체육관광부 훈령 제448호 '공공 용어의 외국어 번역 및 표기 지침'에서 일부를 발췌한 것임. 더 많은 번역어 목록을 찾으려면 국립국어원 공공 용어 번역 지원 시스템(https://publang.korean.go.kr/pubWord/pubWordDataIntro.do)을 참고.

순번	구분	한국어명	영어	인도네시아어
1	자연 지명	강	River	sungai
2		갯벌	Tidal Flat	lahan pasang surut
3		고개	Pass	bukit
4		골	Valley	lembah
5		곶	Cape	tanjung
6		능선	Ridge	punggung gunung
7		늪	Marsh	rawa
8		분지	Basin	basin
9		사구	Dune	bukit pasir
10		산	Mountain	gunung
11		습지	Wetland	lahan basah
12		오름	Parasitic Cone	gunung
13		폭포	Falls	air terjun
14		하천	Stream	sungai
15		호수	Lake	danau
16	인공 지명	시청	City Hall	balai kota
17		주민센터	Community Service Center	kantor kecamatan

순번	구분	한국어명	영어	인도네시아어
18		민원봉사실	Public Service Center	Pusat Layanan Umum Kantor Layanan Umum
19		어린이집	Daycare Center	PAUD (Pendidikan Anak Usia Dini) Kelompok Bermain
20		초등학교	Elementary School	Sekolah Dasar (SD)
21		버스정류장	Bus Stop	halte bus
22		시외버스터미널	Intercity Bus Terminal	terminal bus antar kota
23	인공 지명	요금소	Tollgate	tol
24		선착장	Quay	dermaga
25		기념관	Memorial Hall	gedung peringatan
26		전시관	Exhibition Hall	gedung pameran
27		야구장	Baseball Stadium	lapangan bisbol
28		축구장	Soccer Stadium	lapangan sepak bola
29		보건소	Community Health Center	pusat kesehatan masyarakat
30		지하상가	Underground Shopping Center	pertokoan bawah tanah

별표 5

음식명 영어 세부 번역 지침

※ [별표 5]는 문화체육관광부 훈령 제448호 '공공 용어의 외국어 번역 및 표기 지침'에서 일부를 발췌한 것임.

구분		번역어	예시	
대분류	소분류		한식명	번역어
밥	밥	Steamed + 재료명	보리밥	Steamed Barley Rice
		재료명 + Rice (곡류에 기타 재료가 추가된 경우)	콩나물밥	Bean Sprout Rice
	국밥	재료명 + and Rice Soup	돼지국밥	Pork and Rice Soup
			콩나물국밥	Bean Sprout and Rice Soup
	덮밥	Stir-fried 재료명 + with Rice	닭고기덮밥	Stir-fried Chicken with Rice
			송이덮밥	Stir-fried Pine Mushrooms with Rice
	볶음밥	재료명 + Fried Rice	새우볶음밥	Shrimp Fried Rice
			해물볶음밥	Seafood Fried Rice
	주먹밥	재료명 + Rice Ball	멸치주먹밥	Dried Anchovy Rice Ball
죽	죽	재료명 + Porridge	삼계죽	Ginseng and Chicken Porridge
			호박죽	Pumpkin Porridge

구분		번역어	예시	
대분류	소분류		한식명	번역어
면	국수, 면	재료명 혹은 특징 + Noodles	메밀국수	Buckwheat Noodles
			잔치국수	Banquet Noodles
	칼국수	Noodle Soup + with 재료명	해물칼국수	Noodle Soup with Seafood
만두	만두	속 재료 + Mandu	김치만두	Kimchi Mandu
			고기만두	Meat Mandu
국, 탕, 찌개, 전골	국	재료명 + Soup	미역국	Seaweed Soup
	탕	재료명 + Stew	감자탕	Pork Backbone Stew
		재료명 + Soup (걸쭉한 정도가 덜한 것)	설렁탕	Ox Bone Soup
			갈비탕	Galbi Soup
	찌개	재료명 + Jjigae	순두부찌개	Soft Bean Curd Jjigae
	전골	재료명 + Hot Pot	두부전골	Bean Curd Hot Pot
찜, 조림	찜	Braised + 재료명	갈비찜	Braised Galbi
		Steamed + 재료명 (채반에 올려 증기로 쪄낸 것)	계란찜	Steamed Eggs
	조림	Braised + 재료명	두부조림	Braised Bean Curd
	장조림	Braised + 재료명 + in Soy Sauce	소고기 메추리알 장조림	Braised Beef and Quail Eggs in Soy sauce
볶음	볶음	Stir-fried + 재료명	당근볶음	Stir-fried Carrot
			어묵볶음	Stir-fried Fishcake

구분		번역어	예시	
대분류	소분류		한식명	번역어
구이	구이	Grilled + 재료명	생선구이	Grilled Fish
			장어구이	Grilled Eel
전	전	Pan-fried Battered + 재료명	생선전	Pan-fried Battered Fish Fillet
		재료명 + Pancake	감자전	Potato Pancake
튀김	튀김	Deep-fried + 재료명	새우튀김	Deep-fried Shrimp
			고구마튀김	Deep-fried Sweet Potatoes
장아찌	장아찌	Pickled + 재료명	고추장아찌	Pickled Chili Pepper
			마늘장아찌	Pickled Garlic
젓갈	젓갈	Salted + 재료명	새우젓	Salted Shrimp
			멸치젓	Salted Anchovies
나물, 무침	나물	재료명 + Salad	시금치나물	Spinach Salad
	무침	재료명 + Salad	부추무침	Chive Salad
	생채	재료명 + Fresh Salad	무생채	Julienne Radish Fresh Salad

구분		번역어	예시	
대분류	소분류		한식명	번역어
떡	떡	재료명 + Rice Cake	쑥떡	Mugwort Rice Cake
		재료명 + Rice Cake + with 속재료명 + Filling (앙금이 있는 떡)	꿀떡	Rice Cake with Honey Filling
		고물명-coated + Rice Cake (고물이 있는 떡)	인절미	Bean-powder-coated Rice Cake
	시루떡	재료명 + Steamed Rice Cake	녹두시루떡	Mung Bean Steamed Rice Cake
	경단	재료명 + Sweet Rice Balls	깨경단	Sesame Sweet Rice Balls
적, 산적, 꼬치	적	재료명 + Skewers	홍어적	Skate Skewers
	산적	재료명 + Skewers	송이산적	Pine Mushroom Skewers
	꼬치	재료명 + Skewers	낙지꼬치	Octopus Skewers
회	회	Sliced Raw + 재료명	광어회	Sliced Raw Flatfish
	물회	Cold Raw + 재료명 Soup	오징어물회	Cold Raw Squid Soup

태국어

제5장

한국어-태국어 번역 세부 지침

제5장
한국어-태국어 번역 세부 지침

제1절 기본 원칙

제1항 의미의 정확성

1. 원문과 번역문이 의미상으로 1:1 대응, 즉 등가성(equivalence)을 이루어야 한다. 즉, 원문의 맥락적 의미와 기능을 고려하여 정확하게 번역한다.

2. 의미상 불필요한 첨가와 누락, 내용의 불일치에 주의한다. 다만, 태국어의 문법적 특징에 따라 생략된 한국어의 주어나 목적어 등을 복원하여 추가할 수 있다.

3. 중의적 표현의 경우, 맥락을 파악하여 정확한 의미로 번역한다. 특히 수식어가 수식하는 대상, 부정 표현이 부정하는 대상, 한국어 동음이의어와 다의어의 의미 파악, 번역 가능한 유의어의 선택을 적절히 고려하여 번역한다.

제2항 맥락의 실제성

1. 원문의 목적, 용법, 요구, 맥락 등을 고려하여 적절하게 번역해야 한다.
2. 직역을 원칙으로 하되, 직역이 어색한 경우 원문의 의미에 충실하고 현지에서 실제로 사용하는 자연스러운 표현으로 번역한다.
3. 존댓말–반말, 격식체–비격식체의 경우, 원문의 성격과 맥락을 파악하여 번역한다. 불특정 다수에게 사용되는 문장은 정중한 표현으로 번역한다.

제3항 문체의 적절성

1. 구어체–문어체, 격식체–비격식체의 차이가 드러날 경우 이를 고려하여 번역한다.
2. 일상 대화, 시나리오나 대본, 신문 기사 등의 장르적 특성이 드러날 경우, 태국어에서도 이를 고려하여 번역한다.

제4항 지침 적용 절차

- 태국어 번역 및 표기는 이 세부 지침을 우선 따르되, 언급되지 않은 사항은 공통 지침 및 관련 규범과 사전 용례 등을 참고하여 번역 및 표기한다.

제2절 고유 명사

1. 태국어에 대응하는 번역어가 없는 한국어 고유 명사와 문화 용어를 번역할 때, 태국어권에서 이미 통용되고 있는 번역 및 관용 표기는 그대로 사용한다.

> **예**
>
> 김치 กิมจิ, 태권도 เทควันโด, 아리랑 อารีดัง, 현대 ฮุนได,
> 원 วอน (สกุลเงิน)

	한-태 음역 표기법	관용 표기
김치	คิมชี (X)	กิมจิ (O)

2. 관용 표기 외 고유 명사의 음역은 152쪽 [별표 1] 태국 왕립학술원의 한-태 음역 표기법에 따라 음역한다.

3. 필요시 유형이나 속성을 나타내는 한국어의 후부 요소를 태국어로 의미역하여 추가 표기할 수 있다.

4. 한국어의 고유 명사 음역과 의미역 등의 사례는 국립국어원의 한국어-태국어 학습 사전과 공공 용어 번역 정보 데이터를 참고할 수 있다.

5. 한국이 아닌 외국의 고유 명사의 경우, 원어를 고려하여 태국어의 관련 규범이나 통용되고 있는 관용에 따라 적절하게 번역 및 표기한다.

6. 태국어의 특성상 음절 구분에 혼란이 있는 경우 '-' 기호를 넣어 음절 구분을 표시한다. (**예** 광안대교 = สะพานควังอันแด-กโย)

제1항 인명

1. 한국어 인명은 152쪽 [별표 1] 한-태 음역 표기법에 따라 표기하는 것을 원칙으로 한다.

2. 한국어 인명은 성과 이름의 순서로 띄어 쓴다. 이름 사이에서 일어나는 음운 변화는 표기에 반영하지 않는다.

3. 다만, 인명은 공식 표기법을 따르지 않고 그동안 써 오던 관용 표기를 존중하여 사용할 수 있다.

	태국어의 규정	태국어의 관용 표기
송중기	ซง ชุงกี (X)	ซงจุงกิ (O)
공유	คง ยู (X)	กงยู (O)

4. 외국어 인명은 원어를 고려하되 태국어의 관련 규정이나 그동안 써 오던 관용에 따라 적절히 표기한다.

한국어	원어	태국어 규정	태국어 관용 표기
헤르베르트 디스	Herbert Diess	เฮอร์เบิร์ต ดีสส์	
반고흐	van Gogh	พัน โคฮือ	แวน โก๊ะ

제2항 기관명과 상품명

1. 기관명, 단체명, 기업명 및 상품명 등은 통용되는 태국어 표기로 쓰고, 그것이 없을 경우 공식 영어 표기를 참고하여 의미역하거나 영어 로마자 그대로 표기한다.

2. 그 외의 경우 제3항 인공 지명의 표기를 준용한다.

> 예
>
> 한 현대 → 태 ฮุนได
> 한 행정안전부 → 태 กระทรวงปกครองและความมั่นคง
> 한 토니몰리 → 태 Tonymoly

제3항 인공 지명

1. 인공 지명은 시장, 공원, 건물, 저수지, 교통 시설 등 인간이 만든 구조물이나 시설물의 이름을 뜻한다.

2. 전부 요소는 음역하고, 후부 요소는 의미역한다. 후부 요소의 번역어는 153쪽 [별표 2]를 참조할 수 있다.

> 예
>
> 한 남대문 시장 → 태 ตลาดนัมแดมุน
> 한 연화 초등학교 → 태 โรงเรียนประถมย็อนฮวา
> 한 사당역 → 태 สถานีซาดัง

제4항 행정 구역명과 도로명 및 다리명

1. 행정 구역명과 도로명 및 다리명은 명칭 전체(전부+후부)를 음역한 뒤, 후부 요소를 아래와 같이 의미역하여 추가한다.

		한국어	태국어
행정 구역	1단계	도	จังหวัด
		시	เมือง
	2단계	군	อำเภอ
		구	เขต
	3단계	읍	กิ่งอำเภอ
		면	ตำบล
		동	แขวง
	4단계	리	หมู่บ้าน
도로		대로	ถนน
		로	
		길	ซอย
다리		대교	สะพาน
		교	

> **예**
>
> 한 전라남도 → 태 จังหวัดช็อลลานัมโด
> 한 강변북로 → 태 ถนนคังบย็อนบุกโร
> 한 서간도길 → 태 ซอยซอกันโดกิล

2. 단, 서울특별시는 '서울'만 **โซล**처럼 음역하고 **กรุง**을 앞에 추가한다. 그리고 행정 구역 단위 중 '시, 군, 구'는 맥락에 따라 음역을 생략할 수 있다.

> **예**
>
> 한 서울시 → 태 กรุงโซล
> 한 광주시 → 태 เมืองควังจู

3. 인공 지명이 포함된 도로명의 경우, 인공 지명의 명칭 전체를 음역하고, 도로 단위만 의미역하여 추가한다.

> 예
>
> 한 당진시장길 → 태 ซอยทังจินชีจังกิล

4. 후부 요소가 다리를 뜻하는 '-교(橋)', '대교(大橋)'인 경우, 한국어 명칭 전체(전부+후부)를 음역한 뒤, 후부 요소인 '-교, 대교'를 **สะพาน**으로 의미역하여 추가한다.

> 예
>
> 한 경천교 → 태 สะพานคย็องช็อนกโย
> 한 광안대교 → 태 สะพานควังอันแด-กโย

제5항 자연 지명

1. 자연 지명은 자연적으로 형성된 곳으로 산, 고개, 섬, 강, 호수 등을 뜻한다.

2. 한-태 표기법에 따른 방식이 아닌 공통 지침에 따른 방식으로 표기한다. 즉, 명칭 전체(전부+후부)를 음역한 뒤, 후부 요소를 의미역하여 '추가'하는 것을 원칙으로 한다. 후부 요소의 번역어는 153쪽 [별표 2]를 참조할 수 있다.

한국어	한-태 표기법	본 지침
금강	แม่น้ำคึม (X)	แม่น้ำคึมกัง (O)
설악산	ภูเขาซอรัก (X)	ภูเขาซอรักซัน (O)
울릉도	เกาะอุลลึง (X)	เกาะอุลลึงโด (O)

3. 단, 널리 알려진 자연 지명의 관용 표기(**แม่น้ำฮัน, เกาะเชจู** 등)를 사용할 수

있다.

4. 외국의 지명은 원래 언어를 고려하여 태국어의 규정이나 그동안 써 오던 관용에 따라 번역한다.

	태국어의 규정	태국어의 관용 표기
캘커슈 해협	ช่องแคบแคลเคซิอู (Calcasieu Channel)	
칭다오		ชิงเต่า

제6항 문화유산명 및 예술 작품명

1. 문화유산명은 '문화재 명칭 영문 표기 기준 규칙'을 참고하여 번역 및 표기한다.

2. 문화유산명은 명칭 전체(전부+후부)를 음역한 뒤, 후부 요소를 의미역하여 추가하는 것을 원칙으로 한다.

> 예
>
> 한 덕수궁 → 태 พระราชวังท็อกซูกุง
> 한 송광사 → 태 วัดซงกวังซา

3. 책, 그림, 노래, 영화와 같은 예술 작품의 명칭은 명칭 전체를 음역하는 것을 원칙으로 하되, 통용되는 태국어 의미역이 있으면 대체할 수 있다.

> 예
>
> 한 삼국사기 → 태 ซัมกุกซากี 또는 ตำราซัมกุกซากี
> 한 세한도 → 태 เซฮันโด 또는 ภาพวาดเซฮันโด

제7항 음식명

1. 한국 고유의 음식명은 명칭 전체를 음역하는 것이 원칙이다. 단, 맥락에 따라 태국어 의미역으로 번역할 수 있다.

한국어	음역	의미역
보리밥	โพรีบับ (O)	ข้าวบาร์เล่ย์หุง (O)

2. 태국어 사용 지역에서 이미 널리 알려진 음식명은 한-태 음역 표기법을 따르지 않아도 사용할 수 있다.

> **예**
>
> 한 김치 → กิมจิ (O) คิมชี (X)

3. 음식명의 의미역은 재료명, 맛, 조리법, 형태 중 특징적인 요소를 드러내어 간결하게 번역한다. 음식명 의미역은 155쪽 [별표 3]을 참고하여 번역한다.

4. 한식이 아닌 외국 음식은 원래 음식명을 고려하되 태국어 맥락에 맞게 번역 및 표기한다.

제3절 어휘 및 표현

제1항 보통 명사

1. 보통 명사는 태국어 중 가장 적절하게 대응하는 단어 및 표현으로 의미역 한다. 이때 한국어–태국어 사전을 참고하되, 맥락과 실제 사용 양상을 고려하여 적절하게 번역한다.

2. 번역될 단어로 제시될 수 있는 유의어는 빈도수가 높고, 적용 범위가 넓은 단어 위주로 선택하여 제시한다. 단, 선정의 기준이 모호할 경우 번역사 또는 검수원 간 논의를 통해 결정한다.

> 예
>
> 한 국경일 → วันชาติ, วันนักขัตฤกษ์, วันหยุดราชการ

3. 보통 명사 중 한국 고유의 문화 용어로서 태국어 대응역을 찾기 어려운 경우, 한–태 음역 표기법에 따라 음역한다. 즉, 의미역하거나 해설을 추가하지 않는다.

한국어	태국어	적합 여부
꽹과리	แกว็งกวารี	O
	แกว็งกวารี (ฆ้อง)	X

제2항 대명사

1. 한국어의 대명사는 태국어의 특징(성, 높임법)과 맥락에 따라 적절하게 번역한다.

    1.1. 1인칭 화자를 가리키는 나 **ฉัน** 또는 **ผม**, 저 **ดิฉัน** 또는 **ผม** 등

    1.2. 2인칭 청자를 가리키는 너 **เธอ/แก/เอ็ง**, 당신 **คุณ** 등

1.3. 3인칭 제삼자를 가리키는 그 เขา, 그녀 เธอ, 그분 ท่านนั้น, 아무 ใคร 또는 ใดๆ 등

2. 주어나 목적어에 위치한 인칭 대명사나 지시 대명사가 생략된 경우, 태국어의 자연스러운 맥락에 따라 생략하거나 복원할 수 있다.

제3항 숫자와 단위

1. 숫자와 단위 및 연, 월, 일, 시간 등은 아라비아 숫자와 국제 통용 단위 표기를 사용이 원칙이다.

2. 연월일은 일 〉 월 〉 연 순서로 번역하고 월은 태국어 표현으로 번역한다.
*육십갑자로 표현된 연도는 맥락을 고려하여 서기 연도로 번역한다.

3. 문어체는 24 시각제에 따라 아라비아 숫자로 표기하되, 시·분의 글자는 생략하고 그 사이에 점(.)을 찍어 구분하고 뒤에 น.를 쓴다. 구어체는 โมง, ทุ่ม, ตี, เช้า, บ่าย, เย็น, นาที를 사용하여 표기할 수 있다.

4. 필요시 태국어 특징에 따라 고유 표현을 사용하거나 다른 기호로 표기할 수 있다.

구분		한국어	태국어
연월일		2021년 9월 1일	วันที่ 1 กันยายน ค.ศ. 2021
		무술년 1월 1일	วันที่ 1 มกราคม ค.ศ. 2018
시간	문어체	오후 4시 40분	16.40 น.
	구어체	저녁 여덟 시	2 ทุ่ม
		오후 세 시	บ่าย 3 โมง
단위		1킬로미터	1 กิโลเมตร
		서른 명	30 คน

제 4 항 외래어와 외국어

1. 외국어와 외래어 중 고유 명사의 경우, 원래 언어(예: 영어, 베트남어 등)에 대한 태국어의 음역 표기 기준이나 관용 방식에 따라 적절하게 표기한다.

2. 고유 명사가 아닌 외국어와 외래어는 그것이 가리키는 개념이나 대상에 대응하는 태국어의 실제 표현으로 번역 및 표기한다. 이때 실제 사용 여부가 중요하므로 어원이 달라도 가능하다.

> **예**
>
> 독일어에서 온 한국어의 외래어 '요오드(Jod)'는 그에 대응하는 태국어 ไอโอดีน (원어: 영어)로 번역한다. 이때 태국어의 고유어가 아니어도 되고, 다른 어원의 외래어여도 가능하다.

3. 한편, 한국식 영어 표현(예 케이팝 K-pop เคป็อบ 등) 또는 한국어 표현(예: 아이돌 ไอดอล 등)이 태국어에서 통용되는 경우 그대로 사용할 수 있다.

제 5 항 전문 용어

1. 전문 용어는 법률, 군사, 경제, 심리, 교육, 과학, 의학, 공학, 건설, 예술, 종교 등 전문 분야에서 주로 사용하는 용어를 뜻한다.

2. 용어의 정확한 의미를 고려하고, 한국어-태국어, 한국어-영어, 영어-태국어 전문 용어 사전이나 통용되는 용례를 참고하여 번역한다. 동식물은 학명을 참고할 수 있다.

- 한국어 전문 용어의 의미 검색: 『우리말샘』, 네이버백과사전, 각종 전문 용어사전
- 표준화된 한-영 번역 참고: 국립국어원의 표준전문용어집, 국가기술표

준원의 표준용어사전, 한국정보통신기술협회 정보통신용어사전, 대한의사협회 의학용어, 국가생물종지식정보시스템, 국방과학기술용어사전, 법령용어정보사전 등

- 태국의 영-태 (전문 용어) 사전 등

한국어	영어	태국어
흉부	thorax	ทรวงอก

제6항 친족어 및 호칭어/지칭어

1. 한국어는 친족어(예 형/오빠, 누나/언니 등)가 다양하게 발달되어 있다. 태국어에 일대일 대응이 가능한 어휘가 있다면 그 어휘로 번역한다. 만약 그렇지 않다면 태국어의 특징과 맥락에 맞게 적절하게 번역한다.

2. 한국어는 가족이 아닌 사람에게도 친족어(이모, 형, 오빠, 누나, 언니, 동생 등)로 부르는 언어문화적 특징이 있다. 또한 화자-청자 관계 및 상황 맥락에 따라 부르거나 지칭하는 표현이 다양하다(예 자기, 당신, 여보, 선생님, 사장님 등). 그러므로 이러한 한국어의 특징을 고려하여 태국어의 특징과 맥락에 맞게 적절하게 번역한다.

3. 성이나 이름 뒤에 붙는 직함은 아래와 같이 번역한다.

   3.1. 직업/직책 포함

   - 직업/직책으로 번역하여 지칭 가능하면, 이름 '앞에 직업/직책을 사용한다.

   > 예
   >
   > 한 김 의원 → 태 ส.ส. คิม
   > 한 이 전 대통령 → 태 อดีตประธานาธิบดีลี
   >
   > * 주로 사회적 지위가 높은 직업, 직책 해당

- 직업/직책으로 번역하여 지칭하기 힘든 경우, 이름 '뒤'에 직업/직책을 사용한다.

> **예**
>
> 한 박지성 선수 → 태 นักกีฬาปาร์ค ชีซ็อง (X)
> 　　　　　　　→ 태 ปาร์ค ชีซ็อง นักฟุตบอล (O)
>
> * 필요시 이름 앞에 성별, 나이, 혼인 상태를 나타내는 칭호를 사용할 수 있음.
>
> 한 사업가 김 씨 → 태 นายคิม นักธุรกิจ

3.2. 직업/직책 미포함

- 원문 맥락에 따라 이름 앞에 성별, 나이, 혼인 상태를 나타내는 칭호를 사용

> **예**
>
> 한 이 씨　　→ 태 นายลี, นางสาวลี, นางลี
> 한 이 양　　→ 태 ด.ญ. ลี, นางสาวลี
> 한 이 군　　→ 태 ด.ช. ลี, นายลี

3.3. 구체적인 이름이 드러나지 않는 경우

- 원문 맥락에 따라 이름 앞에 성별, 나이, 혼인 상태를 나타내는 칭호를 사용

> **예**
>
> 한 김 모 씨 → 태 นายคิม
>
> * '아무개'는 태국어식 가명 사용
>
> 한 아무개 → 태 นาย ก (นามสมมุติ) (괄호 처리는 생략해도 무방)

제7항 속담과 고사성어 및 관용 표현

1. 속담, 격언, 고사성어, 관용 표현 등은 태국어에서 가장 유사한 의미의 표현으로 번역한다. 유사 표현을 찾기 힘들 경우 번역사 또는 검수원 간 논의에 따라 직역할 수 있다.

한국어	태국어
고진감래	มีทุกข์ก็ย่อมมีสุข
눈이 높다	หัวสูง
우물 안 개구리	กบในกะลา

2. 태국어에 대응되는 표현이 없는 문화적인 표현의 경우, 번역 시 내용의 등가성을 유지하는 것이 원칙이지만, 언어 간의 차이로 인하여 문장이 너무 어색하거나, 가독성을 확보하고 사용자의 이해를 도모하기 위하여 의역이 필요한 경우에는 의역할 수 있다.

한국어	태국어	적합 여부
배려해 주셔서 감사합니다.	ขอบคุณที่ใส่ใจค่ะ/ครับ	X
	ขอบคุณในความมีน้ำใจนะคะ/ครับ	O
새해 복 많이 받으세요.	ปีใหม่ขอให้ได้รับพรให้มาก ๆ นะคะ/ครับ	X
	สวัสดีปีใหม่ค่ะ/ครับ	O
잘 먹겠습니다.	จะทานให้อร่อยค่ะ/ครับ	O
실례 많았습니다.	ขอโทษที่รบกวนค่ะ/ครับ	O

제8항 신조어와 유행어

1. 신조어와 유행어의 의미와 쓰임을 고려하여 태국어의 맥락에 맞게 번역한

다. 태국어에도 유사한 신조어나 유행어가 있을 경우 번역사 또는 검수원 간 논의에 따라 의미역하여 적용할 수 있으나 적절성에 대한 합의가 어려운 사례는 음역한다.

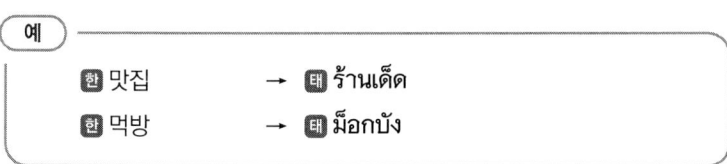

2. 신조어가 단순히 줄어든 표현인 경우 풀어서 번역할 수 있다.

제9항 축약어

1. 원문에 한국어 또는 로마자 약어가 있으면 태국어도 약어로 표기하는 것을 원칙으로 한다.

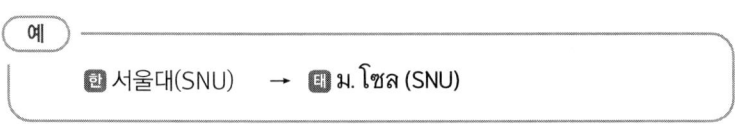

2. 다만, 약어를 그대로 표기하면 이해하기 힘들어지는 경우, 태국인이 이해할 수 있는 방식으로 풀어서 번역할 수 있다.

한국어	태국어	적합 여부
유엔(UN)	สหประชาชาติ (UN)	O
산은	ธนาคารเพื่อการพัฒนาเกาหลี	O

제4절 문법 및 담화

제1항 문장 성분과 어순

1. 한국어 문장 성분의 기능을 고려하여 태국어의 문법적 특징과 맥락에 따라 적절하게 번역한다. 이때 문장 성분의 가감이나 조정이 가능하나 최소화한다.

원문	기술 발달로 인해 생활이 많이 편리해졌다.
직역	ด้วยความก้าวหน้าเทคโนโลยีชีวิตสะดวกสบายขึ้นมาก
수정	ด้วยความก้าวหน้าด้านเทคโนโลยี ชีวิตสะดวกสบายขึ้นมาก (전치사 **ด้าน** 추가, 띄어쓰기 적용)

2. 한국어의 어순은 태국어의 어순(주어-서술어-목적어)에 따라 적절하게 번역한다.

> 예
>
> 한 친구가 밥을 먹는다. → 태 เพื่อนกินข้าว

3. 한국어의 수식 구조(수식어-피수식어)를 고려하여 태국어의 자연스러운 순서(피수식어-수식어)에 따라 번역한다.

> 예
>
> 한 뜨거운 커피 → 태 กาแฟร้อน

제2항 문장 구조와 유형

1. 한국어 원문의 구조(단문/복문)와 유형(평서문, 의문문, 청유문, 명령문 등)을 고려하여 정확한 의미를 전달할 수 있도록 번역한다.

2. 직역을 원칙으로 하되, 현지에서 실제로 사용하는 자연스러운 표현으로 번역하기 위해 문장 구조나 유형을 조정할 수 있다.

원문	내 지인들은 웬만하면 나랑 비슷하거든?
직역	คนรู้จักของผมส่วนใหญ่ก็คล้าย ๆ กับผมนะ ?
수정	คนรู้จักของผมส่วนใหญ่ก็คล้าย ๆ กับผมนะ (평서문으로 처리)

제3항 능동/피동/사동

1. 한국어 원문이 능동으로 되어 있어도 자연스러운 태국어 번역을 위해서 피동이나 사동으로 바꿀 수 있다. 마찬가지로 피동을 능동이나 사동으로 바꿀 수 있으며, 사동을 능동이나 피동으로 바꿀 수 있다.

2. 다만, 원문의 방식으로 번역하여도 의미 전달에 방해가 되지 않는다면 이러한 변환은 최소화한다.

원문	우리 회사는 1980년에 설립되었다.
직역	บริษัทของเราถูกก่อตั้งขึ้นในปี ค.ศ. 1980
수정	บริษัทของเราก่อตั้งขึ้นในปี 1980 (ถูก 생략, 피동→능동)

제4항 시제와 동작상

1. 한국어의 시제(과거, 현재, 미래)와 동작상(완료, 진행)의 정확한 의미를 파악하되, 태국어의 문법적 특징과 맥락에 따라 적절하게 번역한다.

원문	제 이메일 주소를 알고 계시나요?
직역	ทราบอีเมลของดิฉันอยู่ใช่ไหมคะ/ครับ ?
수정	ทราบอีเมลของดิฉันแล้วใช่ไหมคะ/ครับ ? (อยู่ 대신 แล้ว로 번역)

제 5 항 성, 높임법, 문체

1. 한국어 원문의 문맥을 통해 남성어와 여성어를 구별하여 한 가지로 번역한다. 특히 대명사(**ดิฉัน** 또는 **ผม**)나 어조사(**ค่ะ** 또는 **ครับ**) 등이 호응이 되도록 성별을 구별하여 번역한다. 문맥으로도 성별 구별이 모호할 때는 최대한 비율을 맞춘다.

성별에 따른 대명사	어조사
ดิฉัน 또는 ผม	ค่ะ / คะ 또는ครับ
ฉัน 또는 ผม	นะคะ / น่ะค่ะ 또는 นะครับ
เขา 또는 เธอ 등	สิคะ 또는 สิครับ 등

2. 존댓말/반말, 격식체/비격식체 구분이 필요한 번역의 경우, 원문의 성격과 맥락을 파악하여 적절하게 번역한다. 관련된 맥락 정보가 불분명하거나 불특정 다수에게 사용되는 문장은 중립적 표현 또는 정중한 표현으로 번역한다.

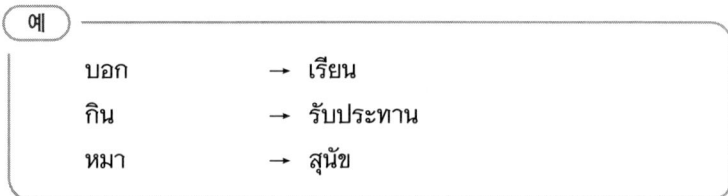

3. 구어에서 통용되는 단어를 사용할 수 있다. 단 성조법에 맞게 표기해야 한다.

> **예**
> เขา = เค้า (สรรพนามบุรุษที่ 1)
> เท่าไร = เท่าไหร่
> อย่างไร = ยังไง
> ไหม = มั้ย
> หรือ = เหรอ / หรอ
> หรือยัง = รึยัง
> หรือเปล่า = รึเปล่า

4. 구어에서 화자의 감정을 나타내는 어조사를 적절히 사용할 수 있다.

> **예**
> อร่อยอะ, เข้าใจปะ, ช่างเหอะ, ก็ใช่แหละ

제 5 절 표기법

제 1 항 철자와 성조 표기

1. 태국어의 표준 규정에 따라 정확한 철자를 사용하여 번역한다.
2. 태국어 성조 부호 표기는 표준 성조 규칙을 따른다.

> **예**
>
> นะคะ (O) → นะค่ะ (X)
> เค้ก (O) → เค๊ก (X)

제 2 항 띄어쓰기 및 문장 부호

1. 띄어쓰기는 다음 태국 왕립학술원에서 정한 띄어쓰기 규정에 따른다. (참조: http://legacy.orst.go.th/?page_id=629)

> **예**
>
> - 지위와 이름 간 띄어쓰기
>   → 김대중 대통령 **ประธานาธิบดี คิม แทจุง**
> - 기관명은 붙여쓰기
>   → 여성가족부 **กระทรวงความเสมอภาพทางเพศและครอบครัว**

2. 원문의 문장 부호는 그 의미와 기능을 고려하되, 태국 왕립학술원 규정에 따른다. (참조: http://legacy.orst.go.th/?page_id=629). 특히 인용 부호인 따옴표는 일반적으로 큰따옴표(" ")를 사용한다. 작은따옴표는 인용된 말 안에 다시 인용된 말이 들어 있을 때만 사용한다.

한국어	한국에서는 사람들이 안심하고 예금할 수 있도록 '예금자 보호 제도'를 시행하고 있습니다.
태국어	ที่เกาหลีมี "ระบบคุ้มครองผู้ฝากเงิน" เพื่อให้คนสามารถฝากเงินได้อย่างอุ่นใจ
한국어	정부는 "『예금자 보호 제도』를 적용하겠다"고 발표하였다.
태국어	รัฐบาลประกาศว่า "จะเริ่มใช้ 'ระบบคุ้มครองผู้ฝากเงิน' "

제6절 참고 자료

제1항 관련 규범

- 태국 왕립학술원 한국어 음역 표기 기준
  http://legacy.orst.go.th/?page_id=617
- 태국 왕립학술원 태국어 어문 규정
  http://legacy.orst.go.th/?page_id=629
- 외래어 표기법, 외래어 표기 용례집, 정부·언론외래어심의공동위원회 자료
  https://kornorms.korean.go.kr/example/exampleList.do?regltn_code=0003
- 문화재 명칭 영문 표기 기준 규칙
  https://www.law.go.kr/LSW/admRulLsInfoP.do?admRulSeq=2100000183730
- 자연·인공 지명 정비 및 관리 등에 관한 규정
  https://www.law.go.kr/LSW/admRulLsInfoP.do?admRulSeq=2100000197909#AJAX
- 도로명 주소법 시행 규칙
  https://www.juso.go.kr/openEngPage.do

제2항 사전 및 용례집 검색

- 국립국어원 한국어-타이어 학습 사전
  https://krdict.korean.go.kr/tha/
- 국립국어원 공공언어 통합 지원
  https://publang.korean.go.kr/pubWord/pubWordDataList.do?flag=1&langGubun=ALL&cateLarge=ALL&originGubun=ALL
- 태국 왕립학술원 태국어 사전
  https://dictionary.orst.go.th/
- 태국 왕립학술원 음역 용례 사전
  https://transliteration.orst.go.th/search

- 영어–태국어 사전
  https://dict.longdo.com
- 우리말샘(전문가 감수가 이뤄진 결과 우선 적용)
  https://opendict.korean.go.kr
- 한국학중앙연구원 한국학영문용어용례사전
  http://digerati.aks.ac.kr:94
- 한국미술다국어용어사전
  https://www.gokams.or.kr:442/visual-art/art-terms/intro/info.asp
- 국가기술표준원 표준용어사전
  https://standard.go.kr
- 한국정보통신기술협회 정보통신용어사전
  http://terms.tta.or.kr
- 대한의사협회 의학용어
  https://term.kma.org
- 기획재정부 경제용어사전
  https://www.moef.go.kr/sisa/main/main
- 국방과학기술용어사전
  http://dtims.dtaq.re.kr:8070/search/main/index.do

제3항 참고 일람표

별표 1 태국 왕립학술원의 한-태 음역 표기법

http://legacy.orst.go.th/?page_id=617

หลักเกณฑ์การทับศัพท์ภาษาเกาหลี-ไทย
สำนักงานราชบัณฑิตยสถาน
ตารางเทียบเสียงสระเกาหลี (ระบบ New System 2000)

รูปเขียน		เงื่อนไข		ใช้	ตัวอย่าง		
อักษรโรมัน	อักษรเกาหลี				คำ	คำทับศัพท์	ความหมาย
a	ㅏ	เมื่อเป็นพยางค์เปิด	ไม่มีพยัญชนะต้น	อา	ai	อาอี	เด็ก
			มีพยัญชนะต้น	–า	nara	นารา	ประเทศ
		เมื่อเป็นพยางค์ปิด	ไม่มีพยัญชนะต้น	อ๊–	ap	อับ	ข้างหน้า
			มีพยัญชนะต้น	–ั	bap	พับ	ข้าว
ae	ㅐ	เมื่อเป็นพยางค์เปิด	ไม่มีพยัญชนะต้น	แอ	aein	แออิน	คู่รัก
			มีพยัญชนะต้น	แ–	gae	แค	สุนัข
		เมื่อเป็นพยางค์ปิด	ไม่มีพยัญชนะต้น	แอ็–	aengmusae	แอ็งมูแซ	นกแก้ว
			มีพยัญชนะต้น	แ–็	naemsae	แน็มแซ	กลิ่น

--이하 내용 생략, 링크 자료 참조--

별표 2

지명 후부 요소 번역어 일람표

순번	구분	한국어명	태국어
1	자연 지명	강	แม่น้ำ
2		갯벌	ทะเลโคลน
3		고개	เนิน
4		골	หุบเขา
5		곶	แหลม
6		능선	เส้นสันเขา
7		늪	บึง
8		분지	แอ่ง
9		사구	เนินทราย
10		산	ภูเขา
11		습지	พื้นที่ชุ่มน้ำ
12		오름	ทางลาดขึ้น
13		폭포	น้ำตก
14		하천	ลำธาร
15		호수	ทะเลสาบ
16	인공 지명	시청	ศาลากลาง
17		주민센터	ศูนย์บริการชุมชน
18		민원봉사실	ศูนย์บริการประชาชน
19		어린이집	สถานรับเลี้ยงเด็ก
20		초등학교	โรงเรียนประถม
21		버스정류장	ป้ายรถเมล์

순번	구분	한국어명	태국어
22	인공 지명	시외버스터미널	สถานีขนส่ง
23		요금소	ด่านเก็บค่าผ่านทาง
24		선착장	ท่าเรือ
25		기념관	อนุสรณ์สถาน
26		전시관	หอนิทรรศการ
27		야구장	สนามเบสบอล
28		축구장	สนามฟุตบอล
29		보건소	สถานีอนามัย
30		지하상가	ศูนย์การค้าใต้ดิน

별표 3

음식명 태국어 세부 번역 지침

구분		번역어	예시	
대분류	소분류		한식명	번역어
밥	밥	Steamed + 재료명	보리밥	ข้าวบาร์เล่ย์หุง
		재료명 + Rice (곡류에 기타 재료가 추가된 경우)	콩나물밥	ข้าวหุงใส่ถั่วงอกหัวโต
	국밥	재료명 + and Rice Soup	돼지국밥	ข้าวต้มหมู
			콩나물국밥	ข้าวต้มถั่วงอกหัวโต
	덮밥	Stir-fried 재료명 + with Rice	닭고기덮밥	ข้าวหน้าไก่
			송이덮밥	ข้าวหน้าเห็ดสน
	볶음밥	재료명 + Fried Rice	새우볶음밥	ข้าวผัดกุ้ง
			해물볶음밥	ข้าวผัดทะเล
	주먹밥	재료명 + Rice Ball	멸치주먹밥	ข้าวปั้นปลาข้าวสาร
죽	죽	재료명 + Porridge	삼계죽	โจ๊กไก่ตุ๋นโสม
			호박죽	โจ๊กฟักทอง
면	국수, 면	재료명 혹은 특징 + Noodles	메밀국수	ก๋วยเตี๋ยวเส้นบัควีต
			잔치국수	ก๋วยเตี๋ยวงานเลี้ยง
	칼국수	Noodle Soup + with 재료명	해물칼국수	ก๋วยเตี๋ยวเส้นสดทะเล
만두	만두	속 재료 + Mandu	김치만두	เกี๊ยวกิมจิ
			고기만두	เกี๊ยวเนื้อ

구분		번역어	예시	
대분류	소분류		한식명	번역어
국, 탕, 찌개, 전골	국	재료명 + Soup	미역국	ซุปสาหร่าย
	탕	재료명 + Stew	감자탕	ต้มกระดูกหมู
		재료명 + Soup (걸쭉한 정도가 덜한 것)	설렁탕	ซุปกระดูกวัว
			갈비탕	ซุปซี่โครงวัว
	찌개	재료명 + Jjigae	순두부찌개	ซุนทูบูจีแก
	전골	재료명 + Hot Pot	두부전골	สุกี้เต้าหู้
찜, 조림	찜	Braised + 재료명	갈비찜	ซี่โครงหมูตุ๋น
		Steamed + 재료명 (채반에 올려 증기로 쪄낸 것)	계란찜	ไข่ตุ๋น
	조림	Braised + 재료명	두부조림	เต้าหู้ตุ๋น
	장조림	Braised + 재료명 + in Soy Sauce	소고기 메추리알 장조림	เนื้อกับไข่นกกระทาตุ๋นซีอิ๊ว
볶음	볶음	Stir-fried + 재료명	당근볶음	ผัดแคร์รอต
			어묵볶음	ผัดโอเด้ง
구이	구이	Grilled + 재료명	생선구이	ปลาย่าง
			장어구이	ปลาไหลย่าง
전	전	Pan-fried Battered + 재료명	생선전	แป้งจี่ปลา
		재료명 + Pancake	감자전	แป้งจี่มันฝรั่ง
튀김	튀김	Deep-fried + 재료명	새우튀김	กุ้งชุบแป้งทอด
			고구마튀김	มันเทศชุบแป้งทอด

구분		번역어	예시	
대분류	소분류		한식명	번역어
장아찌	장아찌	Pickled + 재료명	고추장아찌	พริกดอง
			마늘장아찌	กระเทียมดอง
젓갈	젓갈	Salted + 재료명	새우젓	กุ้งหมัก
			멸치젓	ปลาข้าวสารหมัก
나물, 무침	나물	재료명 + Salad	시금치나물	ผัดโขมปรุงรส
	무침	재료명 + Salad	부추무침	กุยช่ายปรุงรส
	생채	재료명 + Fresh Salad	무생채	ยำหัวไชเท้า
떡	떡	재료명 + Rice Cake	쑥떡	ขนมต็อกใบจิงจูฉ่าย
		재료명 + Rice Cake + with 속재료명 + Filling (앙금이 있는 떡)	꿀떡	ขนมต็อกไส้น้ำผึ้ง
		고물명-coated + Rice Cake (고물이 있는 떡)	인절미	ขนมต็อกคลุกผงถั่ว
	시루떡	재료명 + Steamed Rice Cake	녹두시루떡	ขนมต็อกโรยหน้าถั่วเขียว
	경단	재료명 + Sweet Rice Balls	깨경단	ขนมต็อกคลุกงา
적, 산적, 꼬치	적	재료명 + Skewers	홍어적	ปลากระเบนนึ่ง
	산적	재료명 + Skewers	송이산적	เห็ดสนเสียบไม้ปิ้ง
	꼬치	재료명 + Skewers	낙지꼬치	ปลาหมึกสายเสียบไม้ปิ้ง

구분		번역어	예시	
대분류	소분류		한식명	번역어
회	회	Sliced Raw + 재료명	광어회	ปลาซีกเดียวดิบ
	물회	Cold Raw + 재료명 Soup	오징이물회	ปลาหมึกดิบน้ำ

별표 4

기타 태국어 세부 번역 지침

한국어	태국어
한국산업인력공단	สถาบันพัฒนาทรัพยากรมนุษย์เกาหลี
외국인고용지원센터	ศูนย์ช่วยเหลือการจ้างงานชาวต่างชาติ
사회통합프로그램	โปรแกรมบูรณาการทางสังคม
결혼 이민자	ผู้ย้ายถิ่นฐานตามการสมรส
국가평생교육진흥원	สำนักงานส่งเสริมการศึกษาตลอดชีวิตแห่งชาติ
시·도 평생교육진흥원	สำนักงานส่งเสริมการศึกษาตลอดชีวิตประจำเมืองหรือจังหวัด
시 평생 학습관	ศูนย์การเรียนรู้ตลอดชีวิตประจำเมือง
학교 부설 평생 교육원	ศูนย์การศึกษาตลอดชีวิตในโรงเรียน
주민 센터	ศูนย์บริการชุมชน
문화 시설	สิ่งอำนวยความสะดวกทางวัฒนธรรม
사회 복지관	ศูนย์สวัสดิการสังคม
노인 복지관	ศูนย์สวัสดิการผู้สูงอายุ
장애인 복지관	ศูนย์สวัสดิการคนพิการ
청소년 수련 시설	สถานฝึกอบรมเยาวชน
평생 교육	การศึกษาตลอดชีวิต
평생 교육 기관	สถานศึกษาตลอดชีวิต
인문 교양 교육	การศึกษาศิลปศาสตร์
1촌, 2촌, 3촌, 4촌	เครือญาติลำดับที่ 1, 2, 3, 4
1인 미디어	สื่อแบบการทำช่องของตัวเอง

한국어	태국어
버스 전용 차로제	ระบบเลนสำหรับรถบัส
대중교통	ระบบขนส่งสาธารณะ
도착 안내 서비스	บริการแจ้งป้ายรถเมล์
공공 임대 주택	บ้านเช่าเคหะชุมชน
도시 재생 사업	โครงการฟื้นฟูเมือง
인공 수로	คลองชลประทาน
~년대	ช่วงทศวรรษที่...
농촌 체험 마을	หมู่บ้านสัมผัสประสบการณ์ชีวิตในชนบท
외국인 계절 근로자	แรงงานต่างชาติตามฤดูกาล
국민연금	เงินบำนาญแห่งชาติ
국민연금관리공단	สำนักงานเงินบำนาญแห่งชาติ (NPS)
최저생계비	ค่าครองชีพขั้นต่ำ
저소득층	ผู้มีรายได้น้อย
기초생활보장 제도	ระบบเบี้ยประกันยังชีพแห่งชาติ
보건복지부	กระทรวงสาธารณสุขและสวัสดิการ
지방자치단체	องค์การบริหารส่วนท้องถิ่น
법무부의 외국인종합안내센터	ศูนย์บริการชาวต่างชาติของกระทรวงยุติธรรม
다누리콜센터	คอลเซ็นเตอร์ของทานูรี
다문화가족지원센터	ศูนย์ช่วยเหลือครอบครัวพหุวัฒนธรรม
외국인 근로자지원센터	ศูนย์ช่วยเหลือแรงงานต่างชาติ
건강보험	ประกันสุขภาพ
고용보험	ประกันการจ้างงาน

한국어	태국어
국민연금	เงินบำนาญแห่งชาติ
산업재해보상보험	ประกันอุบัติเหตุในการทำงาน
생활비	ค่าครองชีพ
교육비	ค่าเล่าเรียน
의료비	ค่ารักษาพยาบาล
의원	คลินิก
치과의원	คลินิกทันตกรรม
내과의원	คลินิกอายุรกรรม
이비인후과의원	คลินิกหูคอจมูก
종합 병원	โรงพยาบาลศูนย์
진료 의뢰서	ใบส่งตัว
고용노동부	กระทรวงแรงงานและการจ้างงาน
안전보건공단	สำนักงานสาธารณสุขและความปลอดภัย
출산을 장려하는 제도	ระบบส่งเสริมการคลอดบุตร
양육 수당	ค่าเลี้ยงดูบุตร
보육료	ค่าดูแลเด็ก
의식주	ปัจจัยพื้นฐานในการดำรงชีวิต (อาหาร ที่อยู่อาศัยและเครื่องนุ่งห่ม)
식품의약품안전처	สำนักงานความปลอดภัยของอาหารและยา
질병관리청	กรมควบคุมและป้องกันโรค
행정안전부	กระทรวงปกครองและความมั่นคง
한국고용정보원	สถาบันสารสนเทศการจ้างงานเกาหลี
세계 기록유산	มรดกความทรงจำแห่งโลก

한국어	태국어
국선변호인	ทนายที่แต่งตั้งโดยรัฐ
무죄 추정의 원칙	หลักการสันนิษฐานไว้ก่อนว่าเป็นผู้บริสุทธิ์
생명형	โทษต่อชีวิต (예 사형)
자유형	โทษต่ออิสรภาพ (예 징역, 금고, 구류)
재산형	โทษต่อทรัพย์ (예 벌금, 과료, 몰수)
자격형	โทษต่อสถานภาพ (예 자격 상실, 자격 정지)
경범죄	ความผิดลหุโทษ

인도
힌디어

제6장

한국어-인도 힌디어
번역 세부 지침

제6장
한국어-인도 힌디어 번역 세부 지침

제1절 기본 원칙

제1항 의미의 정확성

1. 원문과 번역문이 의미상으로 1:1대응, 즉 등가성(equivalence)을 이루어야 한다. 따라서 원문의 맥락적 의미와 기능을 고려하여 정확하게 번역한다.

2. 의미상 불필요한 첨가와 누락, 내용의 불일치에 주의한다. 다만, 인도 힌디어의 문법적 특징에 따라 생략된 한국어의 주어나 목적어 등을 복원하여 추가할 수 있다.

3. 중의적 표현의 경우, 맥락을 파악하여 정확한 의미로 번역한다. 특히 수식어가 수식하는 대상, 부정 표현이 부정하는 대상, 한국어 동음어와 다의어의 의미 파악, 번역 가능한 유의어의 적절한 선택을 고려하여 번역한다.

제2항 맥락의 실제성

1. 원문의 목적, 용법, 요구, 맥락 등을 고려하여 적절하게 번역해야 한다.
2. 직역을 원칙으로 하되, 직역이 어색한 경우 원문의 의미에 충실하고 인도에서 실제로 사용하는 자연스러운 표현으로 번역한다.
3. 존댓말–반말, 격식체–비격식체의 경우, 원문의 성격과 맥락을 파악하여 번역한다. 불특정 다수에게 사용되는 문장은 정중한 표현으로 번역한다.

제3항 문체의 적절성

1. 구어체–문어체, 격식체–비격식체의 차이가 드러날 경우 이를 고려하여 번역한다.
2. 일상 대화, 시나리오나 대본, 신문 기사 등의 장르적 특성이 드러날 경우, 인도 힌디어에서도 이를 고려하여 번역한다.

제2절 고유 명사

1. 인도 힌디어에 대응하는 번역어가 없는 고유 명사는 음역한다.
2. 고유 명사의 음역은 로마자 표기법에 따라 음역한다. 필요시 유형이나 속성을 나타내는 후부 요소를 도착어로 의미역하여 추가 표기할 수 있다.
3. 한국어의 로마자 표기법은 공통 지침 42쪽의 [별표 1]과 같다. 인도 힌디어의 경우 공식 한국어 음역 표기 기준이 없으므로 한국의 로마자 표기법과 외래어 표기법 및 본 지침에서 제시한 188쪽의 [별표 1] 한국어-힌디어 표기 지침 을 참고하여 표기하되 인도 힌디어의 관용 표기도 허용한다.
4. 한국어가 아닌 외국어의 고유 명사의 경우, 인도 힌디어의 규범이나 관용에 따라 적절하게 표기 및 번역한다.

제1항 인명

1. 한국어 인명은 성명 전체를 한국의 로마자 표기법에 따라 표기한다. 인도 힌디어의 한국어 음역 표기 기준에 따라 표기하는 것을 원칙으로 하되, 인도 사람들이 인식하는 발음으로도 음역 표기할 수 있다.
2. 한국어 인명은 성과 이름의 순서로 띄어 쓴다. 이름은 붙여 쓰는 것을 원칙으로 하고, 음절 사이에 붙임표(-)를 쓰는 것을 허용한다. 이름에서 일어나는 음운 변화는 표기에 반영하지 않는다.

> 예
>
>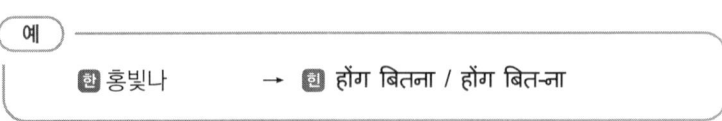

제2항 기관명과 단체명, 기업명과 상품명

1. 기관명, 단체명, 기업명 및 상품명 등은 해당 기관이나 기업이 쓰는 공식

영어 표기를 따르되 인도 힌디어에서 관용적으로 사용하는 표기가 있는 경우에는 관용 표기를 사용한다.

> **예**
>
> 한 기획 재정부 → 힌 वित्त मंत्रालय
> 한 중소 기업 중앙회 → 힌 लघु एवं मध्यम उद्यम संघ
> 한 삼성 → 힌 सैमसंग
> 한 아이폰 → 힌 आईफोन

2. 기관명, 회사명은 문장의 가독성을 위해 발음을 데바나가리 문자로 적는 것을 원칙으로 한다. 그러나 축약어는 예외로 한다.

> **예**
>
> 한 무디스는 회사의 차입금 대비 FFO 비율이 계속 8%를 밑돌거나 대규모 비용 부담이 이어질 경우 SK E&S의 신용 등급을 추가로 하향 조정할 예정이다.
> → 힌 क़र्ज़ की तुलना में अगर SK E&S कंपनी का FFO अनुपात लगातार 8 प्रतिशत से नीचे रहता है तो मूडी इसकी क्रेडिट रेटिंग को और डाउनग्रेड करने की योजना बना रही है।
> ※ FFO와 SK E&S는 축약어이므로 로마자 표기 허용
>
> 한 20일 업계에 따르면 세븐일레븐은 스웨덴에서 한정 수량으로 '파자마 세트'를 출시한다.
> → 힌 20 तारीख़, इंडस्ट्री के अनुसार, सेवन एलेवन 'पाजामा सेट' को सीमित मात्रा में स्वीडन में जारी करेगा।
> ※ 세븐일레븐은 축약어가 아니므로 데바나가리 문자로 입력

2. 그 외의 경우 제3항 인공 지명의 표기를 준용한다.

제3항 인공 지명

1. 인공 지명은 시장, 공원, 건물, 저수지, 교통시설 등 인간이 만든 구조물이나 시설물의 이름을 뜻한다.

2. 전부 요소는 음역하여 표기하고, 후부 요소는 의미역으로 제시한다.

> 예
>
> 한 동대문 시장 → 힌 दोंगदैमुन बाज़ार
> 한 탑골 공원 → 힌 थापगोल पार्क

3. 단, 후부 요소가 다리를 뜻하는 '교(橋)', '대교(大橋)'인 경우, 한국어 명칭 전체(전부+후부)를 음역 표기한 뒤, 후부 요소의 의미역을 '추가' 표기하는 것을 원칙으로 한다. 다만, 인도 힌디어 사용 맥락에 따라 관용 표기 방식을 사용할 수 있다.

> 예
>
> 한 경천교 → 힌 ग्यंगछन्ग्यो सेतु
> 한 잠실대교 → 힌 जामसिलदैग्यो सेतु

제4항 행정 구역명

1. 행정 구역명에서 전부 요소인 고유 명사는 한국의 로마자 표기법 또는 인도 힌디어의 한국어 음역 표기 기준에 따라 표기한다.

2. 행정 구역명과 후부 요소인 행정 구역 단위 사이에는 붙임표(-)를 사용할 수 있으며, 붙임표(-) 앞뒤에서 일어나는 음운 변화는 표기에 반영하지 않는다.

3. 행정 구역 단위는 아래와 같이 음역 표기한다. '시, 군, 읍'은 단위를 생략할 수 있다.

	출발어	도착어
1단계	도	-दो
	시	-सि
2단계	군	-गुन
	구	-गु,
3단계	읍	-उप
	면	-म्यन
	동	-दोंग
4단계	리	-रि

> 예
> 한 인왕리 → 힌 इनवांग-रि
> 힌 경기도 → 힌 ग्यंगिदो
> 한 서울시 → 힌 सियोल / सिओल

제 5 항 도로명

1. 도로명 중 '-대로', '-로', '-길(번길)'은 인도 힌디어 한국어 음역 표기 기준에 따라 각각 '**दैरो**', '**-रो**', '**-गिल(-बनगिल)**'로 표기한다. 다만, '고속도로'는 '**एक्सप्रेसवे**'로 의미역한다.

> 예
> 한 세종대로 → 힌 सेजोंगदैरो
> 한 강변북로 → 힌 गांग्ब्यन्बुंग्नो
> 한 서간도길 → 힌 सगान्दोगिल
> 한 서해안 고속도로 → 힌 सहैआन एक्सप्रेसवे

2. 도로명에 포함된 인공 지명은 제3항 인공 지명 표기 원칙처럼 후부 요소

를 의미역하지 않고, 인공 지명 전체(전부+후부)를 음역하여 표기하는 것이 원칙이다. 다만, 인도 힌디어 사용 맥락에 따라 관용 표기 방식을 사용할 수 있다.

> 예
>
> 한 남산공원길 → 힌 नामसानगोंगवनगिल / नामसान पार्क रोड
> 한 당진시장길 → 힌 दांगजिनसिजांगगिल / दांगजिन मार्केट रोड

제6항 자연 지명

1. 자연 지명은 자연적으로 형성된 곳으로 산, 고개, 섬, 강, 호수 등을 뜻한다.

2. 한국어 지명 전체(전부+후부)를 음역하여 표기한 뒤, 이해를 돕기 위해 지명의 후부 요소의 의미역을 '추가' 표기하는 것을 원칙으로 한다. 다만, 인도에서 써 오던 관용 표기가 있다면 관용 표기를 사용할 수 있다.

> 예
>
> 한 한강 → 힌 हानगांग नदी
> 한 한라산 → 힌 हाल्लासान पहाड़

3. 외국의 지명은 원래 언어를 고려하여 인도 힌디어의 규범이나 관용에 따라 번역한다.

> 예
>
> 한 뉴욕 → 힌 न्यूयॉर्क सिटी
> 한 베이징 → 힌 बीजिंग

제7항 문화유산명 및 예술 작품명

1. 문화유산명의 번역 및 표기는 문화재청의 '문화재 명칭 영문 표기 기준 규칙'을 준용한다.

2. 문화재 명칭 전체(전부+후부)를 음역 표기하되, 그동안 써 오던 관용 표기나 표현을 사용할 수 있다.

   예
   - 한 경복궁 → 힌 ग्यंगबोकगुंग
   - 한 석가탑 → 힌 सक्काथाप

3. 책, 그림, 노래, 영화와 같은 예술 작품은 제목 전체를 인도 힌디어로 음역 표기하되, 통용되는 의미역이 있을 경우 그것으로 대체할 수 있다.

4. 외국어 문화재명은 인도에서 사용하는 대로 표기한다.

   예
   - 한 에펠탑 → 힌 एफिल टावर
   - 한 실크 로드 → 힌 सिल्क रोड

제8항 음식명

1. 한국 고유의 음식명은 한국어 음역 표기 기준에 따라 음역하는 것을 원칙으로 한다. 단, 맥락에 따라 인도 힌디어 의미역으로 번역할 수 있다. 음식명의 음역은 193쪽 [별표 2]를 참고하여 번역하되 인도 사람들이 인식하는 발음으로도 음역 표기할 수 있다.

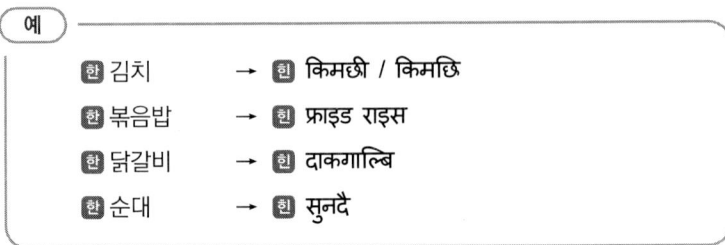

2. 한식이 아닌 외국 음식은 원래 음식명을 고려하되 인도 힌디어 맥락에 맞게 번역 및 표기한다.

제3절 어휘 및 표현

제1항 보통 명사

1. 보통 명사는 인도 힌디어 중 가장 적절하게 대응하는 단어 및 표현으로 의미역한다. 이때 한국어-힌디어 사전을 참고하되, 문맥과 실제 사용 양상을 고려하여 유연하게 적용한다.

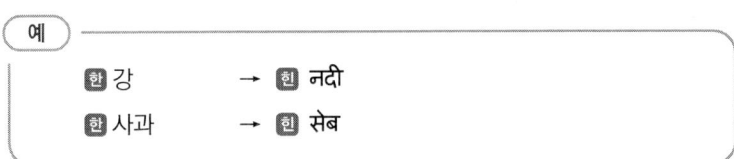

2. 보통 명사 중 한국 고유의 문화 용어로서 인도 힌디어 대응어을 찾기 어려운 경우, 한국의 로마자 표기법 또는 인도 힌디어의 한국어 음역 표기 기준에 따라 음역한다. 즉, 의미역하거나 해설을 추가하지 않는다.

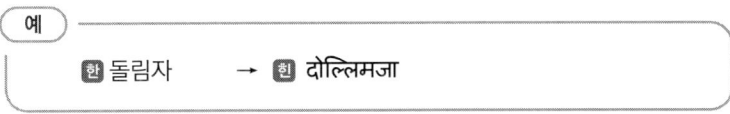

제2항 대명사

1. 한국어의 대명사는 인도 힌디어의 특징과 맥락에 따라 적절하게 번역한다.

    1.1. 1인칭: 화자를 가리키는 나, 저, 우리, 저희 등

    1.2. 2인칭: 청자를 가리키는 너, 너희, 자네, 당신 등

    1.3. 3인칭: 제삼자를 가리키는 이들/그들/저들, 이분/그분/저분, 자기, 아무, 누군가 등

2. 주어나 목적어에 위치한 인칭 대명사나 지시 대명사가 생략된 경우, 인도 힌디어의 특징에 따라 생략 또는 복원할 수 있다.

> 예
>
> 한 (너) 영화 봤어? → 힌 क्या तुमने फिल्म देखी?

제3항 수사와 단위 명사

1. 숫자(기수/서수), 날짜(연/월/일/요일), 시간 등은 아라비아 숫자와 국제 통용 단위로 쓰는 것을 원칙으로 한다. 다만 한글로 쓰인 숫자는 인도 힌디어 문자로 번역한다.

> 예
>
> 한 일, 이, 삼, 사… 혹은 하나, 둘, 셋, 넷 → 힌 एक, दो, तीन, चार

2. 숫자가 단위 명사와 함께 표기되는 경우 한국어와 인도 힌디어의 어순이 다르므로 이 경우에는 인도 힌디어의 어순에 따라 번역한다.

> 예
>
> 한 물 한 잔 주세요. → 힌 एक ग्लास पानी दीजिए।
> 한 감자 1킬로 주세요. → 힌 एक किलो आलू दीजिए।

3. million이나 billion과 같은 단위 명사의 경우에는 되도록 인도에서 널리 쓰이는 **लाख**(Lac), **करोड़**(Karod)의 단위 명사로 번역하되, **मिलियन**(million)이나 **बिलियन**(billion)으로도 번역할 수 있다.

> 예
>
> 한 십만(100,000) → 힌 एक लाख
> 한 천만(10,000,000) → 힌 एक करोड़

4. 날짜 표기는 한국어와 인도 힌디어의 어순이 다르므로 인도 힌디어의 자연스러운 어순에 따라 번역한다.

> 예
> 한 8월 15일 → 힌 15 अगस्त

5. 시간은 아라비아 숫자는 그대로 쓰고 오전, 오후와 같은 시간 표현은 인도 힌디어로 번역한다.

> 예
> 한 오전 4:30분 → 힌 सुबह 4.30 बजे
> 한 오후 4:30분 → 힌 शाम 4.30 बजे

제4항   조사와 어미 또는 양태 표현

1. 한국어에서 조사, 어미, 표현 등으로 구현된 미묘한 의미 차이가 있는 서법이나 양태의 경우, 그 의미와 의도를 정확하게 파악하여 인도 힌디어의 특징과 맥락에 맞게 번역한다.

2. 특히 아래와 같은 항목 및 표현의 경우, 의미에 주의하여 번역한다.

- −(으)려고

> 예
> 한 나는 밥을 먹으려고 한다. → 힌 मैं खाना खाने वाला हूँ।

- −(으)러

> 예
> 한 나는 밥을 먹으러 간다. → 힌 मैं खाना खाने जा रहा हूँ।

제 5 항 외래어와 외국어

1. 외국어와 외래어의 구별은 『표준국어대사전』과 『우리말샘』 등재 여부를 기준으로 한다.

2. 외국어와 외래어 중 고유 명사의 경우 원래 언어(예 프랑스어)에 대한 인도 힌디어의 음역 표기 기준이나 관용 방식에 따라 적절하게 표기한다.

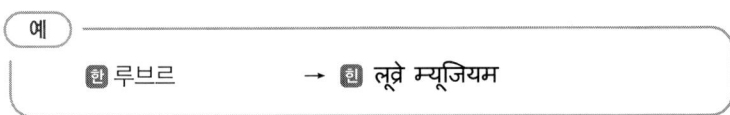

예
한 루브르   →   힌 लूव्रे म्यूज़ियम

3. 고유 명사가 아닌 외국어와 외래어는 그것이 가리키는 개념이나 대상에 대응하는 인도 힌디어의 실제 표현으로 번역 및 표기한다. 이때 실제 사용 여부가 중요하므로 어원이 달라도 가능하다.

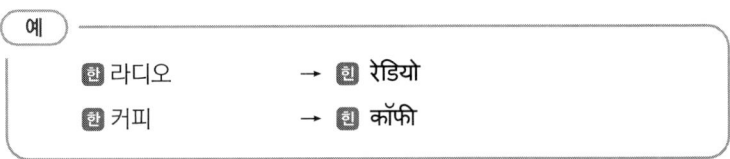

예
한 라디오   →   힌 रेडियो
한 커피   →   힌 कॉफी

4. 한편, 한국식 영어 표현(예 스킨십 skinship, 파이팅 fighting 등) 또는 한국어 표현(예 대박 daebak, 한류 hallyu, 김치 kimchi 등)이 인도에서 통용되는 경우 그대로 사용할 수 있다. 이와 관련해서는 공통 지침 54쪽 [별표 4]의 옥스퍼드 영어 사전(OED)에 수록된 한국어 유래 단어 사례를 참고할 수 있다.

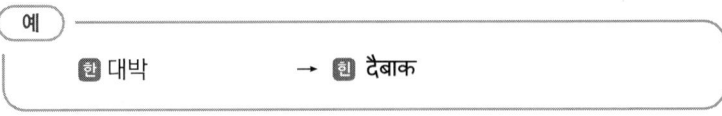

예
한 대박   →   힌 दैबाक

제6항 친족어 및 호칭어/지칭어

1. 한국어는 친족어(예 형, 오빠, 누나, 언니 등)가 다양하게 발달되어 있다. 인도 힌디어도 한국어처럼 친족어가 발달된 언어이므로 모계, 부계, 부부계 문맥에 적절한 친족어를 선택하여 번역한다.

> 예
>
> 한 누나/언니 → 힌 दीदी

2. 한국어는 가족이 아닌 사람에게도 친족어(예 이모, 형, 오빠, 누나, 언니, 동생 등)로 부르는 등의 언어문화적 특징이 있다. 또한 화자-청자의 관계 및 상황에 따라 부르거나 지칭하는 표현이 다양하다(예 자기, 당신, 여보, 선생님, 사장님 등). 그러므로 이러한 한국어의 특징을 바탕으로 문맥 내 인물 간 관계를 최대한 파악한 뒤 인도 힌디어의 특징과 맥락에 맞게 적절하게 번역한다.

> 예
>
> 한 오빠(남편을 부르는 말) → 힌 अजी, सुनते हैं 혹은 이름
> 한 사장님, 여기 계산이요.
> → 힌 सुनिए, हमारा बिल कर दीजिए।
> / एक्सक्यूज़ मी, थोड़ा बिल कर दीजिए।

제7항 속담과 고사성어 및 관용 표현

1. 속담, 격언, 고사성어는 인도 힌디어에서 가장 유사한 의미의 표현으로 번역한다. 다만, 부분 일치하거나 같은 표현이 존재하지 않는 경우에는 최대한 의미가 전달되도록 번역한다.

> **예**
> - 한 일석이조 → 힌 एक पंथ दो काज
> - 한 아는 것이 힘이다. → 힌 ज्ञान / जानकारी शक्ति है।
> - 한 남의 떡이 더 커 보인다. → 힌 दूर के ढोल सुहावने लगते हैं।

2. 한국어의 특정 상황에서 쓰는 관용구나 관용 표현은 인도 힌디어의 유사 상황에서 사용하는 표현으로 적절하게 번역한다. 유사 표현이 없을 경우 번역사 또는 번역 검수원 간 합의에 따라 직역할 수 있다.

> **예**
> - 한 잘 먹었습니다.
>   → 힌 खाकर मज़ा आ गया। / खाना बहुत अच्छा/स्वादिष्ट / मस्त था।

제8항 신조어와 유행어

1. 신조어와 유행어는 의미와 쓰임을 고려하여 인도 힌디어의 맥락에 맞게 번역한다. 인도 힌디어에도 유사한 신조어나 유행어가 있을 경우 번역 검수팀 내 합의에 따라 적용할 수 있으나 적절성에 대한 합의가 어려운 사례는 음역한다.

> **예**
> - 한 호캉스 → 힌 होखांग्स

2. 신조어가 단순히 줄어든 표현인 경우 풀어서 번역할 수 있다.

> **예**
> - 한 아아 주세요. → 힌 एक आइस अमेरिकानो दीजिए।
> - 한 뜨아 한 잔 주세요. → 힌 एक हॉट अमेरिकानो दीजिए।

제9항 축약어

1. 원문의 축약어를 그대로 표기하는 것이 부적절한 경우, 인도 힌디어에서 통용되는 방식으로 풀어서 번역할 수 있다.

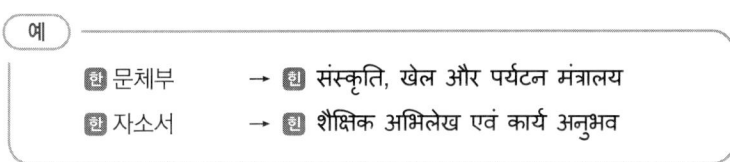

2. 영문 축약어의 경우 원문에 약어만 있으면 인도 힌디어도 약어만 표기하고, 약어가 아닌 경우 도착어도 약어를 쓰지 않는 것을 원칙으로 한다. 다만, 인도 힌디어의 맥락과 관용에 따라 표기할 수 있다.

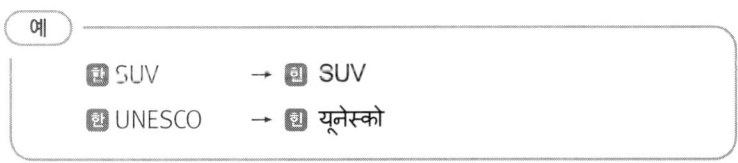

3. 원문이 '한글(로마자 약어)'의 형태인 경우, 한글 부분은 번역하고 약어는 그대로 둔다. 로마자 사용 언어는 한글만 번역하여 표기할 수 있으며, 이 때 이중 표기가 되지 않도록 주의한다(예 UN(UN)처럼 이중 표기 금지).

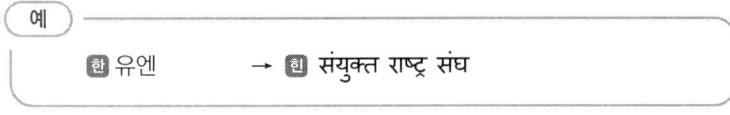

제4절 문법 및 담화

제1항 문장 성분과 어순

1. 한국어는 문장에서 주성분이 주어가 생략되는 경우가 많은데 인도 힌디어로 번역했을 때 주어가 없어도 의미가 전달되는 경우에는 주어 없이 번역을 한다. 다만, 인도 힌디어로 번역했을 때 주어 등의 문장 성분이 없으면 의미가 불분명해지는 경우에는 문맥에 맞게 생략된 문장 성분을 번역문에 포함한다.

> 예
>
> 한 (저는) (당신을) 사랑해요. → 힌 मैं तुमसे प्यार करता / करती हूँ।

2. 한국어와 인도 힌디어는 어순이 비슷하며 문장 성분의 위치 이동이 매우 자유롭다는 점도 비슷하다. 한국어 원문의 어순을 따르는 것을 원칙으로 하되, 인도 힌디어와 어순이 달라 번역문이 자연스럽지 않은 경우에는 문장의 어순 변화를 허용하여 최대한 원문의 의미와 어감을 살려 번역한다.

> 예
>
> 한 어제 만났어 걔를? → 힌 कल मिले थे क्या तुम उससे?
>
> 한 밥 먹었지, 너? → 힌 खाना खा लिए न तुम?

제2항 문장의 구조

1. 원문이 한 문장인 경우 번역문도 되도록 한 문장이어야 한다. 단, 관계절이나 내포문의 경우에는 번역문에 문장 수가 추가될 수도 있다.

> 예
>
> 한 손님들이 갔었는데 다시 돌아왔어요.
> → 힌 अतिथि लोग चले गए थे, पर फिर वापस आ गए।
> 한 내가 했던 말 아무에게도 말하지 마.
> → 힌 मैंने जो बात कही थी, उसे किसी से मत कहना।

제3항 성과 수

1. 원문과 번역문의 성을 최대한 일치시킨다. 인도 힌디어는 주어의 성에 따라 적절한 형태의 동사와 형용사가 사용되므로 번역 시 주어의 성을 고려하여 번역한다. 원문의 성이 불분명한 문어체의 경우 3인칭 남성 단수에 맞춰 번역한다.

> 예
>
> 한 여성: 선미 씨는 일을 잘한다.
> → 힌 सनमि जी अच्छा काम करती हैं।
> 한 남성: 민호 씨는 일을 잘한다.
> → 힌 मिनहो जी अच्छा काम करते हैं।

2. 원문과 번역문의 수를 최대한 일치시킨다. 인도 힌디어는 복수를 단수로 표현하면 어색하고 명사의 수에 따라 동사의 형태가 달라지므로 한국어 원문의 단수와 복수의 구별이 명료하지 않더라도 문맥을 통해 수를 파악하여 번역한다.

> **예**
>
> 한 한국 드라마에서 보여진 음식
> → 힌 कोरियाई धारावाहिकों में दिखाए गए खाने / व्यंजन/दिखाए जाने वाले खाने/व्यंजन
> 한 거긴 좋긴 한데 사람이 항상 많아서 기다려야 할지도 모르겠다.
> → 힌 वो जगह अच्छी तो है, लेकिन वहाँ हमेशा भीड़ होने के कारण इंतज़ार करना भी पड़ सकता है।

제4항 높임법과 공손성

1. 인도 힌디어에는 주체 높임법만 존재하지만, 한국어의 상대 높임법과 객체 높임법도 원문의 어감을 최대한 살려 인도 힌디어의 특징과 맥락에 따라 적절하게 번역한다. 그리고 높임을 나타내는 의존 명사 '씨'와 접미사 '-님'은 맥락에 따라 '**जी**'로 번역한다. '님'의 경우 이름이나 성이 생략된 채로 사용될 때는 '**आप**'로 번역한다.

> **예**
>
> 한 지영 씨 오셨어요.   → 힌 जियंग जी आई हैं।
> 한 님은 어떻게 생각하세요?   → 힌 आप कैसा सोचते / सोचती हैं?

2. 높임의 대상이 불분명하거나 불특정 다수에 대한 표현은 정중한 방향으로 번역한다.

제5항 구어체와 문어체

1. 원문의 구어체와 문어체의 특성이 잘 드러나도록 알맞은 어휘와 표현을 선택하여 번역한다.

2. 인도 힌디어 구어체의 경우 영어 단어나 우르두어 단어들이 많이 사용되

므로 자연스러운 번역을 위해 흔히 사용되는 영어 단어나 우르두어 단어를 문법적 기초를 해치지 않는 선에서 번역문에 포함한다. 즉 '명사'에 대해서는 문제 삼지 않는다.

영어 단어	डिलीवरी(배달), कैंसिल(취소), न्यूज़(뉴스), एडमिशन(입학), स्कूल(학교), फ़ीस(수수료), फ़र्स्टऐड(응급 처치), फ़ॉर्मेट(양식) 등
우르두어 단어	ज़िंदगी(인생), इश्क़(사랑), किताब(책), ख़्वाब(꿈), आरज़ू(소원), रिश्ता(관계) 등

3. '눅따(नुक़ता)'는 우르두어 단어에서만 사용하는 것을 권장한다. 영어 단어에서는 '눅따'의 사용을 삼가야 한다. '눅따'가 나오는 우르두어 단어에는 '눅따'를 쓰는 것이 좋지만 쓰지 않아도 괜찮다. 단, '눅따'의 유무로 단어의 뜻이 달라지는 경우에는 '눅따'를 쓰는 것을 원칙으로 한다.

거실	बैठकख़ाना	O
	बैठकखाना	X
소식	ख़बर	O
	खबर	O

4. 힌디어 문어체에서 나타나는 과학이나 기술 분야 등의 단어의 경우에는 영어 단어의 사용을 허용하고 그 외에는 최대한 힌디어로 번역한다.

제6항 짠드라빈두의 정확한 사용

1. 인도 힌디어 번역 시 짠드라빈두(ँ)가 쓰여야 할 자리에 아누스와르(점)를 쓰면 문법적으로 오류가 되므로 가능한 정확하게 쓴다.

출발어	도착어	적합 여부
내가 너한테 돈을 줄게.	मैं तुम्हें पैसे दूँगा	O
	मैं तुम्हें पैसे दूंगा	X
소녀들	लड़कियाँ	O
	लड़कियां	X
내가 있다.	मैं हूँ	O
	मैं हूं	X

2. 여성 명사를 복수로 만들 때 'याँ'를 붙여야 하는 상황에서 'यां'를 쓰거나, 미래형 문장의 동사 뒤에 'ूँगा' 어미 결합이 될 때 'ूंगा'를 쓰는 것은 철자 오류이다. 짠드라빈두 대신 아누스와르를 사용하면 철자 오류가 되므로 주의해야 한다. 오류 빈도수가 높은 일부 단어들은 아래와 같으므로 이를 참고하여 번역한다.

X	O	X	O
पहुंच	पहुँच	हूं	हूँ
यहां	यहाँ	वहां	वहाँ
जहां	जहाँ	करूंगा	करूँगा
कुर्सियां	कुर्सियाँ	जाएं	जाएँ
चूंकि	चूँकि		

제5절 표기법

제1항 철자

1. 인도 힌디어의 표준 규범에 따라 정확한 철자를 사용하여 번역한다.

제2항 띄어쓰기

1. 한국어는 한글 맞춤법에 맞게 띄어 쓰고, 인도 힌디어는 현지의 공식적인 띄어쓰기 규범을 따른다.

제3항 문장 부호와 특수 기호

1. 원문 끝에 문장 부호(마침표, 물음표, 느낌표)가 있을 경우, 번역문에도 동일한 기능의 문장 부호로 표시한다. 단, 인도 힌디어에서 마침표(.)는 ǀ 형태로 표기한다.

2. 원문이 한 문장인 경우, 번역문도 최대한 한 문장이어야 한다. 단, 형용사구 사용 등 자연스러운 번역을 위해 쉼표의 추가 및 삭제는 가능하다.

3. 특수 기호($, ®, ™ 등)는 원문과 최대한 동일하게 사용하되 인도 힌디어의 특징과 맥락에 따라 조정할 수 있다.

4. 원문에 강조나 인용 등을 위해 쓰인 작은따옴표(' ')도 번역문에서 동일한 기능의 기호로 표기한다.

제4항 로마자의 대문자와 소문자

1. 문장의 처음 및 고유 명사의 첫 글자는 대문자로 쓰고, 그 외에는 소문자로 쓴다.

2. 책, 영화, 기타 제목 등의 앞 글자는 대문자로 표기한다.

3. 원문에 로마자 약어가 소문자로 적힌 경우, 대문자로 표기한다.

4. 원문에 고유 명사가 소문자로 적힌 경우, 앞 글자를 대문자로 표기한다.

5. SNS 주소 등의 로마자 약자와 인명은 그대로 유지한다.

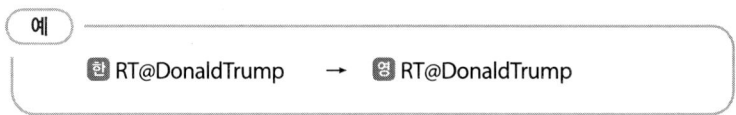

제6절 참고 자료

제1항 관련 규정

- 한국어 어문 규정
  https://kornorms.korean.go.kr
- 힌디어 관련 규정
  http://chd.mhrd.gov.in/devanagari-lipi-tatha-hindi-vartani-manakikaran

제2항 사전 및 용례집 검색

- 힌디어 사전 Hindi Dictionary – Online Hindi to Hindi Devanagari Words Dictionary (hindi2dictionary.com)
- 옥스퍼드 힌디어-영어 사전 The Oxford Hindi-English dictionary (uchicago.edu)
- 영어-힌디어 사전 English and Indian Language Dictionaries – Shabdkosh
- 힌디어 앱 hinkhoj.com
- उर्दू शब्दकोश - उर्दू, हिंदी, अंग्रेज़ी में शब्द के अर्थ | रेख़्ता डिक्शनरी (rekhtadictionary.com)

제3항 참고 일람표

> **별표 1**

한국어-힌디어 표기 지침(데바나가리 표기)

제1장 표기의 기본 원칙

제1항 한국어의 힌디어 표기는 한국어의 표준 발음법에 따라 적는 것을 원칙으로 한다.

제2항 힌디어 이외의 부호는 되도록 사용하지 않는다.

제2장 표기 일람

제1항 모음은 다음 각호와 같이 적는다.

1. 단모음

ㅏ	ㅓ	ㅗ	ㅜ	ㅡ	ㅣ	ㅐ	ㅔ	ㅚ	ㅟ
a	eo	o	u	eu	i	ae	e	oe	wi
आ	अ	ओ	उ	उ	इ	ऐ	ए	वे	वि

2. 이중 모음

ㅑ	ㅕ	ㅛ	ㅠ	ㅒ	ㅖ	ㅘ	ㅙ	ㅝ	ㅞ	ㅢ
ya	yeo	yo	yu	yae	ye	wa	wae	wo	we	ui
या	य	यो	यु	यै	ये	वा	वै	व	वे	उइ

[붙임 1] 'ㅢ'는 'ㅣ'로 소리 나더라도 '**उइ**'로 적는다.

【보기】 경희문-ग्यंगहुइमुन

[붙임 2] 장모음의 표기는 따로 하지 않는다.

제2항 자음은 다음 각호와 같이 적는다.

3. 파열음

ㄱ	ㄲ	ㅋ	ㄷ	ㄸ	ㅌ	ㅂ	ㅃ	ㅍ
g, k	kk	k	d, t	tt	t	b, p	pp	p
ग, क	क	ख,क	द, त	त	थ,त	ब,प	प	फ,प

4. 파찰음

ㅈ	ㅉ	ㅊ
j	jj	ch
ज, त	च	छ

5. 마찰음

ㅅ	ㅆ	ㅎ
s	ss	h
स, त	स, स्स	ह

6. 비음

ㄴ	ㅁ	ㅇ
n	m	ng
न	म	अंग

7. 유음

ㄹ
r, l
र, ल

[붙임 1] 'ㄱ, ㄷ, ㅂ'은 모음 앞에서는 'ग, द, ब'로, 자음 앞이나 어말에서는 'क, त, प'로 적는다.

구미-गुमि	영동-यंगदोंग	병암-ब्यंगआम
옥천-ओकछन	합덕-हापदक	호법-होबप
월곶-वलगोत	벚꽃-बतकोत	한밭-हानबात

[붙임 2] 'ㄹ'은 모음 앞에서는 'र'로, 자음 앞이나 어말에서는 'ल'로 적는다. 단, 'ㄹㄹ'은 'ल्ल'로 적는다.

구리-गुरि	설악-सरआक
칠곡-छिलगोक	임실-इमसिल
울릉-उल्लुंग	대관령-दैग्वाल्ल्यंग

제3장 표기상의 유의점

제1항 음운 변화가 일어날 때에는 변화의 결과에 따라 다음 각호와 같이 적는다.

1. 자음 사이에서 동화 작용이 일어나는 경우

백마-बैंगमा	신문로-सिनमुननो
종로-जोंगनो	왕십리-वांगसिमनि
별내-ब्यल्लै	신라-सिल्ला

2. 'ㄴ, ㄹ'이 덧나는 경우

학여울-हांग्न्युउल	알약-आलयाक

3. 구개음화가 되는 경우

해돋이-हैदोजि	같이-गाछि	굳히다-गुछिदा

4. 'ㄱ, ㄷ, ㅂ, ㅈ'이 'ㅎ'과 합하여 거센소리로 소리나는 경우

좋고-जोखो	놓다-नोथा	잡혀-जाफ्त्य	낳지-नाछि

다만, 체언에서 'ㄱ, ㄷ, ㅂ' 뒤에 'ㅎ'이 따를 때에는 'ㅎ'을 밝혀 적는다.

묵호-मुकहो	집현전-जिपह्यनजन

[붙임] 된소리되기는 표기에 반영하지 않는다.

압구정-आपगुजंग	합정-हापजंग	낙동강-नाकदोंगगांग	팔당-फालदांग
죽변-जुकब्यन	샛별-सैतब्यल	낙성대-नाकसंगदै	울산-उलसान

제2항 발음상 혼동의 우려가 있을 때에는 음절 사이에 붙임표(-)를 쓸 수 있다.

중앙-जुंग-आंग	해운대-है-उनदै
세운-से-उन	반구대-बान-गुदै

제4항 인명은 성과 이름의 순서로 띄어 쓴다. 이름은 붙여 쓰는 것을 원칙으로 하되 음절 사이에 붙임표(-)를 쓰는 것을 허용한다. ( ) 안의 표기를 허용한다.

민용하-मिन योंगहा(योंग-हा)	송나리-सोंग नारि(ना-रि)

1. 이름에서 일어나는 음운 변화는 표기에 반영하지 않는다.

한복남-हान बोकनाम(बोक-नाम)	홍빛나-होंग बितना(बित-ना)

제5항 '도, 시, 군, 구, 읍, 면, 리, 동'의 행정 구역 단위와 '가'는 각각 'दो, सि, गुन, गु, उप, म्यन, रि, दोंग, गा'로 적고, 그 앞에는 붙임표(-)를 넣는다. 붙임표(-) 앞뒤에서 일어나는 음운 변화는 표기에 반영하지 않는다.

도봉구-दोबोंग-गु	신창읍-सिनछांग-उप	제주도-जेजु-दो
인왕리-इनवांग-रि	의정부시-उइजंगबु-सि	당산동-दांगसान-दोंग
양주군-यांगजु-गुन	삼죽면-सामजुक-म्यन	충청북도-छुंगछंगबुक-दो
종로 2가-जोंगनो 2(इ)-गा	봉천 1동-बोंगछन 1(इल)-दोंग	퇴계로 3 가-थ्वेग्येरो 3(साम)-गा

[붙임] '시, 군, 읍'의 행정 구역 단위는 생략할 수 있다.

신창읍-सिनछांग	양주군-यांगजु	의정부시-उइजंगबु

제6항 자연 지물명, 문화재명, 인공 축조물명은 붙임표(-) 없이 붙여 쓴다.

남산-नामसान	화랑대-हवारांगदै	독도-दोकदो
독립문-दोंग्निपमुन	금강-गुमगांग	현충사-ह्यनछुंगसा
무량수전-मुर्यांगसुजन	촉석루-छोकसंगनु	경복궁-ग्यंगबोक्कुंग

오죽헌-ओजुकहन	극락전-गुंगनाकजन	다보탑-दाबोथाप
연화교-यनहवाग्यो	종묘-जोंगम्यो	남한산성-नामहानसानसंग
안압지-आनआपजि	속리산-सोंगनिसान	불국사-बुलगुकसा

제7항 인명, 회사명, 단체명 등은 그동안 관용적으로 써 온 표기를 사용할 수 있다.

제8항 고유 명사를 음역할 때 한국어 모음 'ㅓ'가 받침 없이 단어 가운데에 오면 'अ'로 음역한다.

| 장어진-जांग अजिन | 김어준-किम अजुन |

단, 고유 명사의 마지막 글자가 받침 없이 '자음+ㅓ'의 형태로 끝나는 경우 힌디어로 음역할 때 마지막 글자 앞에 붙임표(-)를 쓰는 것을 권장한다.

| 수서-सु-स | 정인서-जंग इन-स |

[별표 2]

음식명의 인도 힌디어 음역 사례

한식명	인도힌디어	한식명	인도힌디어
보리밥	बोरिबाप	갈비찜	गालबिचिम
콩나물밥	खोंगनामुलबाप	계란찜	ग्येरानचिम
돼지국밥	द्वैजिगुकबाप	두부조림	दुबुजोरिम
콩나물국밥	खोंगनामुलगुकबाप	녹두시루떡	नोकदुसिरुतक
닭고기덮밥	दाकगोगिदपबाप	당근볶음	दांगुनबोक्कुम
송이덮밥	सोंगइदफबाप	어묵볶음	अमुकबोक्कुम
새우볶음밥	सैउबोक्बुगबाप	생선구이	सैंगसनगुइ
해물볶음밥	हैमुलबोक्कुमबाप	장어구이	जांगअगुइ
멸치주먹밥	म्यलछिजुमकबाप	생선전	सैंगसनजन
삼계죽	सामग्येजुक	감자전	गामजाजन
호박죽	होबाकजुक	새우튀김	सैउथ्विगिम
메밀국수	मेमिलगुकसु	고구마튀김	गोगुमाथ्विगिम
잔치국수	जानछिगुकसु	고추장아찌	गोछुजांगआचि
해물칼국수	हैमुलखालगुकसु	마늘장아찌	मानुलजांगआचि
김치만두	किमछिमानदु	새우젓	सैउजत
고기만두	गोगिमानदु	멸치젓	म्यलछिजत
미역국	मियकगुक	시금치나물	सिगुमछिनामुल
감자탕	गामजाथांग	부추무침	बुछुमुछिम
설렁탕	सल्लंगथांग	무생채	मुसैंगछै
갈비탕	गालबिथांग	쑥떡	सुकतक

한식명	인도힌디어	한식명	인도힌디어
순두부찌개	सुनदुबुचिगै	꿀떡	कुलतक
두부전골	दुबुजनगोल	인절미	इनजल्मि
깨경단	कैग्यंगदान	광어회	ग्वांगअह्वे
홍어적	होंगअजक	생선구이	सैंगसनगुइ
송이산적	सोंगइसानजक	오징어물회	ओजिंगअमुरह्वे
낙지꼬치	नाकजिकोछि	소고기 메추리알 장조림	सोगोगिमेछुरिआलजांगजोरिम

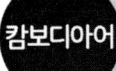

제7장

한국어-캄보디아어 번역 세부 지침

제7장

한국어-캄보디아어 번역 세부 지침

제1절 기본 원칙

제1항 의미의 정확성

1. 원문과 번역문이 의미상으로 1:1 대응, 즉 등가성(equivalence)을 이루어야 한다. 즉, 원문의 맥락적 의미와 기능을 고려하여 정확하게 번역한다.

2. 의미상 불필요한 첨가와 누락, 내용의 불일치에 주의한다. 다만, 캄보디아어의 문법적 특징에 따라 생략된 한국어의 주어나 목적어 등을 복원하여 추가할 수 있다.

3. 중의적 표현의 경우, 맥락을 파악하여 정확한 의미로 번역한다. 특히 수식어가 수식하는 대상, 부정 표현이 부정하는 대상, 한국어 동음어와 다의어의 의미 파악, 번역 가능한 유의어의 적절한 선택을 고려하여 번역한다.

제2항 맥락의 실제성

1. 원문의 목적, 용법, 요구, 맥락 등을 고려하여 적절하게 번역해야 한다.
2. 직역을 원칙으로 하되, 직역이 어색한 경우 원문의 의미에 충실하고 현지에서 실제로 사용하는 자연스러운 표현으로 번역한다.
3. 존댓말-반말, 격식체-비격식체의 경우, 원문의 성격과 맥락을 파악하여 번역한다. 불특정 다수에게 사용되는 문장은 중립적이거나 정중한 표현으로 번역한다.

제3항 문체의 적절성

1. 구어체-문어체, 격식체-비격식체의 차이가 드러날 경우 이를 고려하여 번역한다.
2. 일상대화 구어, 시나리오나 대본, 신문 기사 등의 장르적 특성이 드러날 경우, 캄보디아어에서도 이를 고려하여 번역한다.

제2절 고유 명사

1. 한국어 인명, 지명, 음식명 등의 고유 명사는 한국어 발음과 비슷하게 음역 표기하는 것을 원칙으로 한다. 다만, 캄보디아에서 써 오던 관용 표기를 사용할 수 있다.

2. 음역 시 「한국어의 로마자 표기법」을 준용하되 아래 사항에 주의한다.

가. 'ㄱ'이 모음 앞에서 유성음이 되어 로마자로 'g'로 표기될 경우, 아래처럼 표기한다.

나. 로마자 'j'가 'o, e, u'와 결합할 때 '유[ju]'처럼 발음하는 캄보디아어의 관습에 주의하고, 실제 한국어 발음에 따라 캄보디아어로 음역한다. 따라서 한국어 자음 'ㅈ'의 발음에 대해서는 치경 파찰음 ច, ជ, ឆ 등으로 표기한다. (캄보디아 매체[신문, 방송]에서 사용하는 한국어 고유 명사 표기가 잘못된 경우 이 세부 지침에 따라 번역한다.)

3. 한국어가 아닌 외국어의 고유 명사는 원래 언어(영어, 프랑스어 등)를 바탕으로 캄보디아어의 관련 규범이나 관용에 따라 적절하게 번역한다. 이에 관해서는 제3절 제4항 외래어와 외국어 항목을 참조한다.

제1항 인명

1. 인명은 한국어 로마자 표기법을 참고하여 캄보디아어로 표기하는 것이 원칙이나, 그동안 써 오던 관용 표기가 있을 경우 이를 사용할 수 있다. 특히 한국어 성씨 중에서 '이'는 영문으로 'LEE, Lee'라고 표기하는 사람이 많지만 អ៊ី(이)로 표기하는 것을 원칙으로 하되, 북한 인사나 북한 소재 인물을 '리'라고 쓰는 경우에 한해 លី(리)로 표기한다(ex. 리설주).

제2항 기관명, 기업명, 상품명

1. 캄보디아에 이미 알려진 기관명, 단체명, 기업명, 상품명 등은 캄보디아에서 공식적으로 사용하는 명칭을 사용한다.

2. 다만, 잘 알려지지 않은 경우에는 음역한다. 이 때 원문에 나오지 않는 내용을 괄호 안에 첨가하지 않는다.

3. 널리 알려진 상품명이 아니라서 맥락상 유형이나 속성을 나타내는 표현이 필요하면 추가할 수 있다. 예를 들어 상품명을 번역할 때 앞에 '브랜드'를 의미역한 ម៉ាក이나 ប្រេន을 추가할 수 있다.

> 예
>
> 한 코카콜라 → 캄 កូកាកូឡា
> 한 샤넬 → 캄 ម៉ាកណាណែល

제3항 인공 지명

1. 고유한 특성을 나타내는 전부 요소를 음역하여 표기하고, 유형이나 속성을 나타내는 후부 요소를 의미역하는 것이 원칙이다. 다만, 캄보디아에서 써 오던 관용 표기를 사용할 수 있다.

> 예
>
> 한 보라매 초등학교 → 캄 សាលាបឋមសិក្សាបូរ៉ាមេ
> 한 남대문 시장 → 캄 ផ្សារណាំតេមុន

2. 단, 후부 요소가 다리를 뜻하는 '교(橋), 대교(大橋)'인 경우, 한국어 명칭 전체(전부+후부)를 음역 표기한 후, 후부 요소의 의미역을 '추가' 표기하는 것을 원칙으로 한다.

> 예
>
> 한 마포대교 → 캄 ស្ពានម៉ាផូតេគ្យូ

제4항 행정 구역명

1. 행정 구역은 명칭인 전부 요소를 음역하고, 행정 구역 단위인 후부 요소는 의미역한다. '시, 군, 읍'은 단위를 생략할 수 있고, '시, 도'는 맥락에 따라 음역 대신 의미역할 수 있다. 그 밖에 캄보디아에서 써 오던 관용 표기를 사용할 수 있다.

	한국어	캄보디아어
1단계	도	ខេត្ត
	시	ក្រុង
2단계	군	ស្រុក
	구	ខណ្ឌ
3단계	읍	សង្កាត់
	면	ឃុំ
	동	សង្កាត់
4단계	리	ភូមិ

예

한 서울시 → 캄 (ទី)ក្រុងសេអ៊ូល
한 인왕리 → 캄 ភូមិអ៊ិនវ័ង
한 대구 → 캄 ដេហ្គូ

제5항 도로명

1. 전부 요소는 음역하고, 후부 요소는 의미역한다. 다만, 캄보디아에서 써 오던 관용 표기를 사용할 수 있다. 도로명 단위인 '대로'는 មហាវិថី로 의미역하고, '-로'와 '-길(번길)'은 វិថី로 의미역하며, 고속도로는 ផ្លូវល្បឿនលឿន로 의미역한다.

예

한 세종대로 → 캄 មហាវិថីសេជុង
한 강변북로 → 캄 វិថីកាំងប្យុនប៊ុក
한 서해안 고속도로 → 캄 ផ្លូវល្បឿនលឿនសហេអាន

제6항 자연 지명

1. 자연 지명 전체(전부+후부)를 음역하여 표기한 뒤, 후부 요소를 의미역하여 추가하는 것을 원칙으로 한다. 다만, 캄보디아에서 써 오던 관용 표기를 사용할 수 있다.

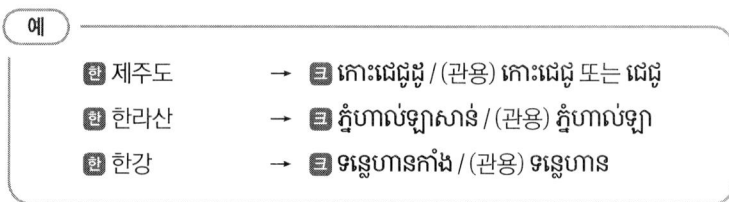

제7항 문화유산명 및 예술 작품명

1. 문화유산명은 '문화재 명칭 영문 표기 기준 규칙'을 참고하여 번역 및 표기한다.

2. 명칭 전체(전부+후부)를 음역 표기한 뒤, 후부 요소의 의미역을 추가하는 것을 원칙으로 한다. 다만 캄보디아에서 써 오던 관용 표기가 있으면 그 표기를 사용할 수 있다.

3. 책, 그림, 노래, 영화와 같은 예술 작품의 명칭은 명칭 전체를 음역하는 것을 원칙으로 하되, 통용되는 캄보디아어 의미역이 있으면 대체할 수 있다.

제8항 음식명

1. 음식명은 최대한 한국어 발음에 가까운 소리로 음역하는 것이 원칙이다. 다만 맥락에 따라 유형에 해당하는 단어를 의미역하여 그 앞에 추가할 수 있다.

2. 신조어 음식명의 경우, 의미 등가성을 이루는 단어가 캄보디아어에 있을 때에는 그 단어를 사용하고, 그렇지 않을 때는 음역만 표기한다.

제3절 어휘 및 표현

제1항 보통 명사

1. 캄보디아어에 가장 적절하게 대응하는 단어 및 표현으로 의미역한다. 관련 사전을 참고하되 맥락과 실제 사용 양상을 고려하여 적절하게 번역한다. 예를 들어 아래 단어를 캄보디아어로 번역할 때 맥락에 따라 그 단어의 의미(프로그램)를 번역한 កម្មវិធី 라고 할 수도 있고, 또는 캄보디아어의 외국어 표기법에 따라 음역한 외래어 ប្រូក្រាម로 표기할 수도 있으니 전체 맥락을 고려하여 번역한다.

2. 보통 명사 중 한국 고유의 문화 용어로서 대응 표현을 찾기 어려운 경우는 음역한다. 이때, 의미역하거나 해설을 추가하지 않는다.

제2항 대명사

1. 한국어의 대명사는 캄보디아어의 특징과 맥락에 따라 적절하게 번역한다. 예를 들어, 인칭 대명사 '그녀'와 '그'는 아래와 같이 풀어서 번역한다.

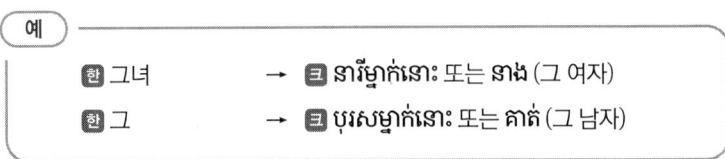

2. 주어나 목적어에 위치한 인칭 대명사나 지시 대명사가 생략된 경우, 캄보디아어의 자연스러운 맥락에 따라 생략하거나 복원할 수 있다.

제3항 숫자와 단위

1. 숫자(기수/서수)는 캄보디아어에서 사용하는 대로 번역한다.

> 예
>
> 한 일, 이, 삼, 사… → 캄 មួយ, ពីរ, បី, បួន
> 한 하나, 둘, 셋, 넷 → 캄 មួយ, ពីរ, បី, បួន
> 한 1, 2, 3, 4, 5… → 캄 ១២៣៤៥
> → 캄 1 2 3 4 5

2. 날짜(연/월/일/요일)는 작은 단위부터 '요일 + 일 + 월 + 연도' 순으로 번역한다.

> 예
>
> 한 2021년 8월 15일 금요일 → 캄 ថ្ងៃសុក្រ ទី១៥ ខែសីហា ឆ្នាំ២០២១

3. 시간은 큰 단위부터 '시 + 분 + 초' 순으로 번역한다. 오전, 오후가 포함된 경우에는 시간 + 분 + 오전/오후 순으로 번역한다.

> 예
>
> 한 오전 2:30분 → 캄 ម៉ោង២:៣០នាទីព្រឹក
> 한 오후 2:30분 → 캄 ម៉ោង២:៣០នាទីរសៀល

4. 단위 명사가 숫자와 함께 표기되는 경우는 '명사 + 숫자 + 단위명사' 순으로 번역한다.

> 예
>
> 한 맥주 한 병 → 크 ស្រាបៀរមួយដប

제4항 외래어와 외국어

1. 외국어와 외래어 중 고유 명사의 경우, 원래 언어(예 영어, 베트남어 등)에 대한 캄보디아어 음역 표기 방식이나 관용 방식에 따라 적절하게 표기한다.

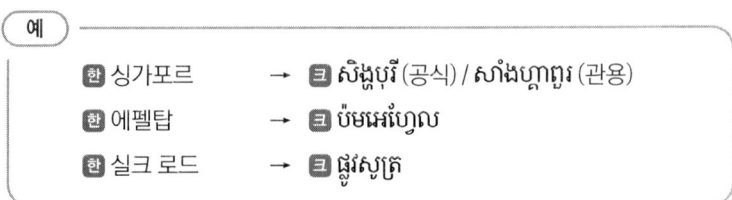

2. 고유 명사가 아닌 외국어와 외래어의 경우, 그것이 가리키는 개념이나 대상에 대응하는 캄보디아어의 실제 표현으로 번역 및 표기한다. 예를 들어, 영어에서 유래한 한국어의 외래어 '커피'는 캄보디아어에서는 프랑스어에서 온 외래어로 보고 음역하므로 그에 따라 적는다.

다만 적절한 번역어가 없을 경우 한국어 발음대로 음역한 후 그 속성이나 유형을 나타내는 의미역을 추가할 수 있다. 예를 들어, 나초나 케이크와 같이 과자와 관련된 외래어 앞에 '과자'를 뜻하는 នំ를 추가할 수 있다. 참고로 코카콜라처럼 널리 알려진 단어는 의미역을 추가하지 않는다(제2절 제2항 제2목 참조).

```
┌─ 예 ─────────────────────────────┐
│  한 나초      →   크 នំណាឆូ       │
│  한 케이크    →   크 នំយក        │
└─────────────────────────────────┘
```

제5항 전문 용어

1. 전문 용어의 정확한 의미를 고려하고, 한국어-영어 전문 용어 사전이나 영어-캄보디아어 전문 용어 사전, 또는 신뢰도 높은 자료의 용례를 참고하여 번역한다.

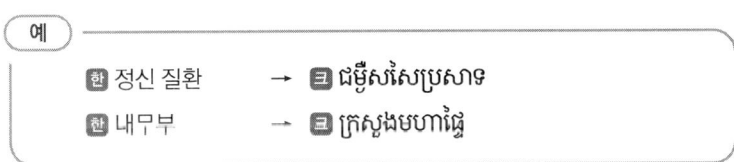

제6항 친족어 및 호칭어/지칭어

1. 캄보디아어의 경우 한국어처럼 친족어가 다양하지 않고 사용 범위가 매우 넓으므로 캄보디아어의 특징과 맥락에 따라 적절히 번역한다.

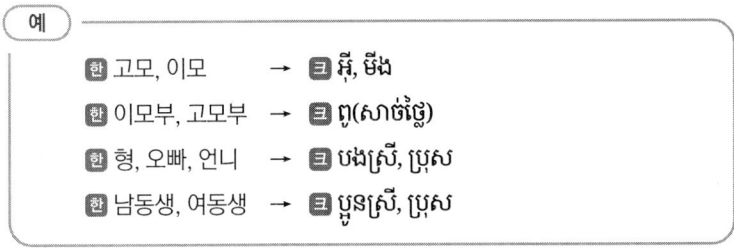

2. 호칭은 문맥 내 인물 관계 및 캄보디아어의 실제 사용 방식을 고려하여 적절하게 번역한다. 예를 들어, '선생님', '여보'의 경우 한국어에서 성별 구분 없이 사용하지만, 캄보디아어는 성별에 따라 다르게 사용하므로 맥락

을 최대한 파악하여 적절히 번역한다.

> **예**
>
> 한 남자 선생님 → 크 លោកគ្រូ
> 한 여자 선생님 → 크 អ្នកគ្រូ
> 한 여보 → 크 អូនសម្លាញ់ (남자)
> 한 여보 → 크 បងសម្លាញ់ (여자)

제7항 속담과 고사성어 및 관용 표현

1. 비슷한 의미의 속담이나 관용 표현이 캄보디아어에도 존재하는 경우에는 비슷하게 번역한다.

> **예**
>
> 한 벼는 익을수록 고개를 숙인다
> → 크 ឈើយស្អកអានដាក់គ្រាប់

2. 부분적으로 일치하는 경우 또는 그러한 표현이 존재하지 않는 경우에는 최대한 의미가 전달되도록 번역한다.

> **예**
>
> 한 바쁘다고 바늘 허리에 실 매어 쓰랴
> → 크 សន្សឹមៗកុំបំបោល

제8항 신조어 및 유행어

1. 신조어와 유행어의 의미와 쓰임을 고려하여 캄보디아어의 맥락에 맞게 번역한다. 캄보디아어에도 유사한 신조어나 유행어가 있을 경우, 번역사 및 검수원 간 합의에 따라 적용할 수 있으나 적절성에 대한 합의가 어려운

사례는 음역한다.

2. 신조어가 단순히 줄어든 축약형 표현인 경우 풀어서 번역할 수 있다.

> 예
>
> 한 알바 → 아르바이트 → 크 ការងារក្រៅម៉ោង

제 9 항 축약어

1. 원문의 한국어 약어 또는 로마자 축약어(acronym)를 그대로 번역하여 표기할 수 있다. 다만 번역 및 표기 결과가 부자연스럽거나 부적절할 경우, 캄보디아어에서 통용되는 방식으로 풀어서 번역하여 표기할 수 있다.

> 예
>
> 한 최고 경영자(CEO) → 크 នាយកប្រតិបត្តិ (CEO)
> 한 SNS → 크 ប្រព័ន្ធផ្សព្វផ្សាយសង្គម

제4절 문법 및 담화

제1항 문장 성분과 어순

1. 한국어 문장 성분의 기능을 고려하여 캄보디아어의 문법적 특징과 맥락에 따라 적절하게 번역한다. 이때 문장 성분의 가감이나 조정이 가능하나 최소화한다.

2. 한국어의 문장은 주어나 목적어가 생략되는 경우가 많으므로 캄보디아어로 번역할 때 필요시 특정 성분을 복원할 수 있다. 그러나 특정 성분이 없어도 의미가 전달되면 복원하지 않는다.

> **예**
> 한 사랑해. → 캄 ខ្ញុំស្រឡាញ់អ្នក។
> 한 조금 쉬고 있을게요. → 캄 ខ្ញុំសុំសម្រាកបន្តិច។
> 한 조금 쉬고 계세요. → 캄 សូមសម្រាកបន្តិចសិនចាំទៅ។

3. 한국어의 어순이나 수식 구조를 고려하되, 캄보디아어의 어순과 수식 구조에 따라 적절하게 번역한다.

> **예**
> 한 나는 파란색으로 입을게. → 캄 ខ្ញុំពាក់ពណ៌ខៀវ។
> 한 예쁜 꽃 → 캄 ផ្កាស្អាត
> 한 비싼 집 → 캄 ផ្ទះថ្លៃ

제2항 문장의 구조

1. 원문이 한 문장인 경우 번역문도 한 문장이어야 한다. 단, 관계절이나 내포문 등이 들어 있을 경우에는 번역문에서 문장 수가 추가될 수 있다. 그러나 만약 ដូច្នេះ와 같은 표현을 사용하여 문장을 연결할 수 있다면 한 문장

으로 번역한다.

> **예**
>
> 한 내가 계좌 번호 보내줄 테니 거기에다 보내 줘.
> → 크 ខ្ញុំនឹងផ្ញើលេខកុងធនាគារអោយ ហើយផ្ញើតាមនោះមក (X)
> ខ្ញុំនឹងផ្ញើលេខកុងធនាគារអោយ **ដូច្នេះផ្ញើតាមនោះមក** (○)

제3항 긍정과 부정, 능동/피동/사동

1. 한국어의 긍정과 부정 표현이나 능동, 피동, 사동 등은 그 맥락적 의미와 의도를 고려하여 캄보디아어의 특징과 맥락에 맞게 번역한다.

2. 예를 들어, 긍정을 나타내는 감탄사 "네"(긍정)는 화자의 성별에 따라 다르게 번역하고, 부정을 나타내는 "아니요(부정)"는 성별에 상관없이 동일하게 번역한다.

> **예**
>
> 한 네, 저는 운동을 좋아해요. (남자)
> → 크 បាទ, ខ្ញុំចូលចិត្តហាត់ប្រាណ។
> 한 네, 저는 산책을 좋아해요. (여자)
> → 크 ចាស, ខ្ញុំចូលចិត្តដើរ។
> 한 아니야, 나 못 찾아.
> → 크 អត់ទេ, ខ្ញុំរកមិនឃើញទេ។

제4항 시제와 상

1. 한국어 원문의 시제와 상의 정확한 의미를 파악하여, 캄보디아어의 **បាន**(과거형 조동사), **នឹង**(미래형 조동사), **កំពុង**(진행형 조동사) 등을 활용하여 적절하게 번역한다.

2. 원칙적으로 조동사를 사용하여 나타내는 진행형 시제와 달리, 과거와 미래 시제는 시간을 나타내는 단어가 함께 있으면 조동사를 사용하지 않아도 되므로 기계적으로 시제를 대입하지 않고 자연스럽게 번역한다.

> **예**
>
> 한 저는 지금 시장에 가고 있어요.
> → 크 ឥឡូវនេះខ្ញុំកំពុងទៅផ្សារ។
> 　　크 ឥឡូវនេះខ្ញុំទៅផ្សារ។ (구어체에서 진행형 조동사가 생략된 경우)
> 한 저는 어제 시장에 갔어요.　→　크 ម្សិលមិញខ្ញុំបានទៅផ្សារ។
> 한 저는 내일 시장에 갈 거예요.　→　크 ថ្ងៃស្អែកខ្ញុំទៅផ្សារ។
> 한 오늘 저녁에 너 만나러 갈게요.　→　크 ល្ងាចនេះ ខ្ញុំទៅជួបអ្នក។
> 한 내일 갚을 게요.　→　크 ស្អែកខ្ញុំសង។
> 　　　　　　　　　　　　(미래 조동사 생략)

제 5 항　성과 수

1. 캄보디아어는 문장 주어의 성과 수에 따라 동사의 형태가 달라지지 않으므로 이를 고려하여 적절하게 번역한다.

> **예**
>
> 한 그녀는 한국어를 잘해요.
> → 크 នារីម្នាក់នោះនិយាយភាសាកូរ៉េល្អ។
> 한 그는 한국어를 잘해요.
> → 크 បុរសម្នាក់នោះនិយាយភាសាកូរ៉េល្អ។
> 한 그들은 한국어를 잘한다.
> → 크 បុរសទាំងនោះនិយាយភាសាកូរ៉េល្អ។

2. 한국어의 이름 뒤에 붙이는 '씨/님'(លោក)을 캄보디아어로 번역할 때, 성별에 따라 다르게 번역한다. 그리고 여자일 경우 미혼, 기혼에 따라 다르게

번역한다.

> **예**
>
> 한 김 씨 → 캄 លោកគឹម (남자)
> 한 김 씨 → 캄 កញ្ញាគឹម (미혼 여자)
> 한 김 씨 → 캄 អ្នកនាងគឹម / លោកស្រីគឹម (기혼 여자)

제6항 높임법

1. 캄보디아어의 높임법 등은 한국어처럼 다양하지 않지만 원문 내 대화자 간 관계 및 높임 정도를 고려하여 적절하게 번역한다. 필요에 따라 높임 동사를 사용하는 캄보디아어의 높임법 체계에 따라 맥락에 맞게 높임 동사를 사용하여 번역한다.

> **예**
>
> 한 제가 안내해 드리겠습니다.
> → 캄 ខ្ញុំនឹងណែនាំជូន
> 한 너 뭐 먹고 싶은 거라도 있어?
> → 캄 មានអ្វីដែលចង់ចង់ហូប / ញ៉ាំទេ?

제7항 격식체와 비격식체

1. 원문의 상황 맥락을 고려하여 격식체와 비격식체를 캄보디아어의 특징에 맞게 번역한다.
2. 캄보디아어에서 격식체와 비격식체의 구분이 명확하지 않을 경우, 원문의 상황 맥락과 높임 정도를 고려하여 최대한 적절하게 번역한다.

> 예
>
> 한 안녕하십니까? → 크 ជំរាបសួរ? [격식체]
> 한 안녕? 안녕하세요? → 크 សួស្តី? [비격식체]

3. 제안, 요청, 명령 기능의 문장에서 **សូម**는 격식체와 비격식체 구별 없이 사용할 수 있다.

> 예
>
> 한 빨간 화살표 방향으로 나가세요.
> → 크 សូមចេញតាមសញ្ញាព្រួញពណ៌ក្រហម។ (격식체/비격식체)

제8항 구어체와 문어체

1. 원문의 맥락을 고려하여 문어체와 구어체를 캄보디아어의 특징에 맞게 번역한다.

> 예
>
> [문어체]
> 한 부산 횟집을 추천한다.
> → 크 ខ្ញុំឱ្យជាយោបល់ថាគូរតែទៅភោជនីយដ្ឋានត្រីឆ្ងាញ់នៅប៊ូសាន។
> [구어체]
> 한 부산 횟집을 추천해요.
> → 크 ខ្ញុំចង់ណែនាំអ្នកអោយសាកហាងត្រីឆ្ងាញ់នៅប៊ូសាន។

2. 의문문의 경우, 캄보디아어의 특징에 따라 문어체 의문형을 구성할 때는 문장 어두의 **តើ**–와 어말의 **–ទេ**를 사용한다. 또한 구어체 의문형의 경우, 문장 앞에 **តើ**를 생략할 수 있으며 문장 끝에 **–ទេ**가 아니라 **អត់**를 사용한다.

> **예**
>
> 한 들어오면 연락 받을 수 있는가?
> → ㅋ តើអ្នកអាចលើកទូរសព្ទខ្ញុំបានទេ ពេលចូលមកវិញ? [문어체 의문형]
> 한 들어오면 연락 받을 수 있나요?
> → ㅋ អ្នកអាចទាក់ទងមកខ្ញុំបានអត់ ពេលចូលមកវិញ? [구어체 의문형]

- 캄보디아어 표준어에서 문어체는 구어체와 별로 차이가 나지 않지만 문어체의 경우, 소유격을 나타내는 នៃ를 사용하여 문어체 느낌을 표현할 수 있다.

> **예**
>
> 한 빨간 화살표 방향으로 나가시오.
> → ㅋ សូមចេញតាមទិសដៅនៃសញ្ញាព្រួញក្រហម។ (문어체)
> 한 빨간 화살표 방향으로 나가세요.
> → ㅋ សូមចេញតាមសញ្ញាព្រួញពណ៌ក្រហម។ (구어체)

제5절 표기법

제1항 철자

1. 캄보디아어의 표준 규정이나 사전에 따라 정확한 철자를 사용하여 표기한다. 공식 규정이 없을 경우 대표적 사전의 맞춤법에 따라 표기한다.

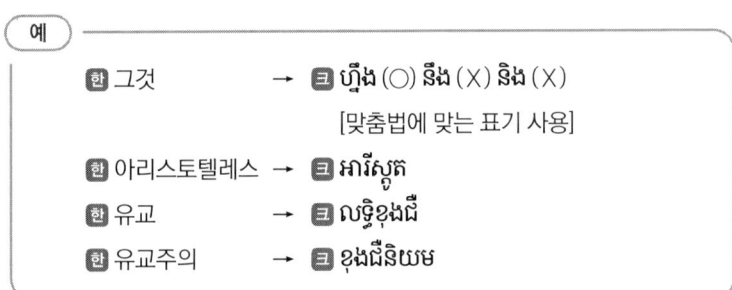

2. 이때 관련 자료집을 참조할 수 있다. (제6항 제1목 참조)

제2항 띄어쓰기

1. 캄보디아어는 기본적으로 띄어쓰기가 없으나 맥락에 따라 절 단위로 띄어 쓸 수 있다.

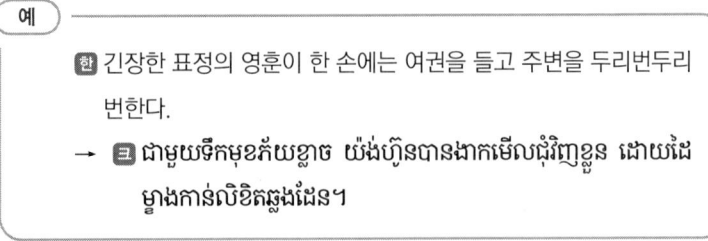

2. 명사와 명사가 나열되어 있을 때는 쉼표 기능을 나타내는 띄어쓰기를 사용할 수 있다.

> **예**
>
> 한 가방 안에 책, 공책, 연필, 지우개가 들어 있다.
> → ㅋ នៅក្នុងកាបូបមាន សៀវភៅអាន សៀវភៅសរសេរ ខ្មៅដៃ ដំរលប់ ជាដើម។

제3항 문장 부호와 특수 기호

1. 본 사업은 문장 단위로 번역되므로 문장 끝에 작은 마침표 부호 '។'를 표시한다.

2. 원문의 맥락에 따라 쌍점 (:)을 숫자와 함께 사용할 수 있다.

> **예**
>
> 한 2:00 → ㅋ ម៉ោង ២:០០

3. 맥락에 따라 큰따옴표, 작은따옴표, 괄호, 물음표, 느낌표 등을 사용할 수 있다.

제6절 참고 자료

제1항 관련 규범

- 외래어 표기법, 외래어 표기 용례집, 정부·언론외래어심의공동위원회 자료
  https://kornorms.korean.go.kr/example/exampleList.do?regltn_code=0003
- 문화재 명칭 영문 표기 기준 규칙
  https://www.law.go.kr/LSW/admRulLsInfoP.do?admRulSeq=2100000183730
- 자연·인공 지명 정비 및 관리 등에 관한 규정
  https://www.law.go.kr/LSW/admRulLsInfoP.do?admRulSeq=2100000197909#AJAX
- 도로명 주소법 시행 규칙
  https://www.juso.go.kr/openEngPage.do

제2항 사전 및 용례집 검색

- 크메르어위원회 용어집 및 관련 자료
  https://nckl.rac.gov.kh/
- 캄보디아어 사전
  https://www.lexilogos.com/english/cambodian_dictionary.htm
- 한-영-캄/캄-영-한 사전
  https://dict.naver.com/kmkodict
- 국립국어원 공공언어 통합 지원
  https://publang.korean.go.kr/pubWord/pubWordDataList.do?flag=1&langGubun=ALL&cateLarge=ALL&originGubun=ALL
- 우리말샘(전문가 감수 완료 항목만 적용)
  https://opendict.korean.go.kr
- 한국학중앙연구원 한국학영문용어용례사전
  http://digerati.aks.ac.kr:94

- 한국미술다국어용어사전

    https://www.gokams.or.kr:442/visual-art/art-terms/intro/info.asp

- 국립국어원의 표준전문용어집

    https://www.korean.go.kr/front/imprv/stndrdList.do?mn_id=159

- 국가기술표준원 표준용어사전

    https://standard.go.kr

- 한국정보통신기술협회 정보통신용어사전

    http://terms.tta.or.kr

- 대한의사협회 의학용어

    https://term.kma.org

- 국가생물종지식정보시스템

    http://www.nature.go.kr/main/Main.do

- 한경경제용어사전

    https://dic.hankyung.com

- 국방과학기술용어사전

    http://dtims.dtaq.re.kr:8070/search/main/index.do

제8장
한국어-필리핀 타갈로그어 번역 세부 지침

제8장
한국어-필리핀 타갈로그어 번역 세부 지침

제1절 기본 원칙

제1항 의미의 정확성

1. 원문과 번역문이 의미상으로 1:1 대응, 즉 등가성(equivalence)을 이루어야 한다. 즉, 원문의 맥락적 의미와 기능을 고려하여 정확하게 번역한다.

2. 의미상 불필요한 첨가와 누락, 내용의 불일치에 주의한다. 다만, 필리핀 타갈로그어의 문법적 특징에 따라 생략된 한국어의 주어나 목적어 등을 복원하여 추가할 수 있다.

3. 중의적 표현의 경우, 맥락을 파악하여 정확한 의미로 번역한다. 특히 수식어가 수식하는 대상, 부정 표현이 부정하는 대상, 한국어 동음어와 다의어의 의미 파악, 번역 가능한 유의어의 적절한 선택을 고려하여 번역한다.

출발어	필리핀 타갈로그어	적합 여부
세종 대왕은 1443년에 훈민정음을 창제하였다.	Lumikha si Haring Sejong ng Hunminjeongeum noong 1443.	O
	Lumikha si Haring Sejong ng sistema ng pagsulat ng wikang Koreano na natapos noong 1443 at nailathala 1446.	X

제2항 맥락의 실제성

1. 원문의 목적, 용법, 요구, 맥락 등을 고려하여 적절하게 번역해야 한다.
2. 직역을 원칙으로 하되, 직역이 어색한 경우 원문의 의미에 충실하고 현지에서 실제로 사용하는 자연스러운 표현으로 번역한다.
3. 존댓말–반말, 격식체–비격식체의 경우, 원문의 성격과 맥락을 파악하여 번역한다. 불특정 다수에게 사용되는 문장은 정중한 표현으로 번역한다.

제3항 문체의 적절성

1. 구어체–문어체, 격식체–비격식체, 높임과 공손의 차이가 드러날 경우 이를 고려하여 번역한다.
2. 일상 대화, 시나리오나 대본, 신문 기사 등의 장르적 특성이 드러날 경우, 필리핀 타갈로그어에서도 이를 고려하여 번역한다.

제2절 고유 명사

1. 필리핀 타갈로그어에 대응하는 번역어가 없는 고유 명사는 음역한다.
2. 고유 명사는 필리핀 타갈로그어의 공식 한국어 음역 표기 기준이 없기 때문에 로마자 표기법을 준용하여 만든 [별표 1] 한-필 음역 표기 기준(256쪽)에 따라 음역한다. 다만, 이미 필리핀 타갈로그어의 관용 표기로 굳어진 명사는 그대로 표기한다.
3. 필요시 유형이나 속성을 나타내는 후부 요소를 의미역하여 추가 표기할 수 있다.
4. 한국어가 아닌 외국어의 고유 명사의 경우, 원래 언어를 바탕으로 필리핀 타갈로그어의 관련 규범이나 관용에 따라 적절하게 표기 및 번역한다.
5. 고유 명사는 한국어 의미 단위로 띄워 쓸 수 있다. 이 경우 첫 글자만 대문자로 쓰고 나머지 단어의 첫 글자는 소문자로 쓴다.

제1항 인명

1. 한국어 인명은 성명 전체를 한국의 로마자 표기법(공통 지침 52쪽) 또는 [별표 1] 한-필 음역 표기 기준(256쪽)에 따라 표기하는 것을 원칙으로 한다.
2. 한국어 인명은 성과 이름의 순서로 띄어 쓴다. 이름은 붙여 쓰는 것을 원칙으로 하고, 음절 사이에 붙임표(-)를 쓰는 것을 허용한다. 이름에서 일어나는 음운 변화는 표기에 반영하지 않는다.
3. 다만, 인명은 공식 표기법을 따르지 않고 그동안 써 오던 관용 표기를 존중하여 사용할 수 있다.
4. 외국어 인명은 원어를 고려하되 필리핀 타갈로그어의 관련 규범이나 관용에 따라 적절히 표기한다.

한국어	원칙	허용
이빛나	Lee Bitna	Lee Bit-na
스티브 잡스	Steve Jobs	

제2항   기관명과 상품명

1. 기관명(단체명, 기업명) 및 상품명 등은 해당 기관이나 기업이 쓰는 공식 영어 표기 또는 필리핀 타갈로그어 사용 지역의 관용 표기를 사용한다.
2. 그 외의 경우 제3항 인공 지명의 표기를 준용한다.
3. 단어별 첫 글자를 대문자로 쓴다. 단, 기관/기업의 특별한 표기 방식이 있다면 이를 따른다.

구분	한국어	필리핀 타갈로그어
기관/단체	문화재청	Cultural Heritage Administration
	국가인권위원회	National Human Rights Commission
기업	한국전력공사	Korea Electric Power Corporation
	현대	Hyundai
상표	아이폰	iPhone
	샤넬	CHANEL

제3항   인공 지명

1. 인공 지명은 시장, 공원, 건물, 저수지, 교통 시설 등 인간이 만든 구조물이나 시설물의 이름을 뜻한다.
2. 전부 요소는 음역하여 표기하고, 후부 요소는 의미역으로 제시한다.

한국어	원칙	허용
동대문 시장	Pamilihan ng Dongdaemun	Dongdaemun Market
보라매 초등학교	Mababang Paaralan ng Boramae	Boramae Elementary School
예당 저수지	Reservoir ng Yedang	Yedang Reservoir
용두산 공원	Parke ng Yongdusan	Yongdusan Park

3. 단, 후부 요소가 다리를 뜻하는 '-교(橋)', '대교(大橋)'인 경우, 한국어 명칭의 전부 요소를 음역 표기한 뒤, 후부 요소를 의미역한다. 다만, 필리핀 타갈로그어 사용 맥락에 따라 관용 표기 방식을 사용할 수 있다.

> 예
>
> 한 경천교 → 필 Tulay ng Gyeongcheon/
>   (허용) Gyeongcheon Bridge
> 한 광안대교 → 필 Tulay ng Gwangan/(허용) Gwangan Bridge
> 한 마포대교 → 필 Tulay ng Mapo/(허용) Mapo Bridge

제4항 행정 구역명

1. 행정 구역명에서 전부 요소인 고유 명사는 한국어의 로마자 표기법 또는 필리핀 타갈로그어의 한국어 음역 표기 기준에 따라 표기한다.

2. 행정 구역명과 후부 요소인 행정 구역 단위 사이에는 붙임표(-)를 사용하되, 붙임표(-) 앞뒤에서 일어나는 음운 변화는 표기에 반영하지 않는다.

3. 행정 구역 단위는 아래와 같이 음역 표기한다. '시, 군, 읍'은 단위를 생략할 수 있고, '시, 도'는 맥락에 따라 음역 대신 의미역(예 City, Province)으로 제시할 수 있다. 다만, 행정 구역 단위는 필리핀 타갈로그어 관용에 따

라 의미역하는 것도 허용한다.

	출발어	로마자	필리핀 타갈로그어
1단계	도	-do	Lalawigan, Probinsya
	시	-si	Lungsod, Siyudad
2단계	군	-gun	-gun
	구	-gu	-gu
3단계	읍	-eup	-eup
	면	-myeon	-myeon
	동	-dong	-dong
4단계	리	-ri	-ri

한국어	필리핀 타갈로그어
서울시	Lungsod ng Seoul / Seoul, Seoul City (허용)
시흥시	Lungsod ng Siheung/ Siheung-si
인왕리	Inwang-ri
퇴계로 3가	Toegye-ro

※ Seoul, Busan은 서울특별시, 부산광역시라도 해당 관용 표현 Seoul, Busan을 허용한다.

제5항 도로명

1. 도로명 중 '-대로', '-로', '-길(번길)'은 로마자 표기법에 따라 각각 '-daero', '-ro', '-gil(beon-gil)'로 표기하거나 필리핀 타갈로그어 한글 음역 표기 기준에 따라 표기한다.

2. 다만, '고속도로'를 'Expressway'로 번역하듯이 필리핀 타갈로그어 사용 맥락에 따라 의미역할 수 있다.

한국어	로마자	필리핀 타갈로그어
세종대로	Sejong-daero	Sejong-daero
강변북로	Gangbyeonbuk-ro	Gangbyeonbuk-ro
서간도길	Seogando-gil	Seogando-gil
서해안 고속도로	Seohaean Expressway	Seohaean Expressway

※ 주의: 도로명에 포함된 인공 지명은 제3목 인공 지명 표기 원칙처럼 후부 요소를 의미역하지 않고, 인공 지명 전체(전부+후부)를 로마자로 표기하는 것이 원칙이다. 다만, 필리핀 타갈로그어 사용 맥락에 따라 관용 표기 방식을 사용할 수 있다.

출발어	필리핀 타갈로그어	적합 여부
남산공원길	Namsan Park-gil	X
	Namsangongwon-gil	O
당진시장길	DangjinMarket-gil	X
	Dangjinsijang-gil	O

제6항 자연 지명

1. 자연 지명은 자연적으로 형성된 곳으로 산, 고개, 섬, 강, 호수 등을 뜻한다.

2. 한국어 지명 전체(전부+후부)를 음역하여 표기한다. 다만, 이해를 돕기 위해 지명의 후부 요소의 의미역을 '추가' 표기하는 것도 허용하며 필리핀 타갈로그어 관용 표기와 영어식 관용 표기도 사용할 수 있다. 의미역 추가 시 259쪽 [별표 2]를 참고할 수 있다.

한국어	필리핀 타갈로그어		영어식 관용 표기 허용
	원칙	허용	
금강	Geumgang	Ilog ng Geumgang	Geum River
울릉도	Ulleungdo	Isla ng Ulleungdo	Ulleung Island
청평호	Cheongpyeongho	Lawa ng Cheongpyeongho	Cheongpyeong Lake

※ 의미역 추가를 허용한 용어를 표제어로 사용할 경우, 후부 요소 의미역의 첫 글자는 대문자로 쓴다. 또한 제주도와 한강은 Isla ng Jeju, Ilog ng Han의 관용 표기를 허용하고, 남산은 Mount Namsan도 허용한다.

3. 외국의 지명은 원래 언어를 고려하되 영어식 표기를 따르는 것이 원칙이다. 다만, 맥락에 따라 기타 관용 표기를 사용할 수 있다.

4. 국가명은 언론에서 자주 사용하는 영어식 표기를 기준으로 하고, 맥락에 따라서는 필리핀 타갈로그어 표기도 허용한다.

국가명	필리핀 타갈로그어	
	원칙	허용
미국	Amerika	Estados Unidos
독일	Germany	Alemanya
중국	China	Tsina
일본	Japan	Hapon

스페인	Spain	Espanya
프랑스	France	Pransiya

제7항 문화유산명 및 예술 작품명

1. 문화유산명의 번역 및 표기는 한국 문화유산 명칭은 문화재청의 '문화재 명칭 영문 표기 기준 규칙'을 따르고, 필리핀 문화유산 명칭은 필리핀관광부(DOT)의 공식 명칭 기준을 따른다. 기타 국가의 문화유산 명칭은 영어식 표기에 따른다.

2. 명칭 전체(전부+후부)를 음역 표기한 뒤, 후부 요소의 의미역을 추가한다. 다만 그동안 써 오던 관용 표기를 사용할 수 있으나 괄호 속 병기는 지양한다.

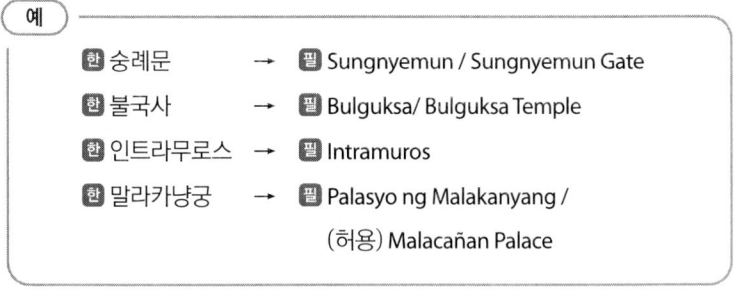

※스페인어 유래 단어 중 일부 ñ 표현이 남아 있음.

3. 책, 그림, 노래, 영화와 같은 예술 작품은 제목 전체를 공식 명칭으로 표기하되, 공식 명칭이 없을 경우 음역할 수 있다.

> 예
>
> - 한 성난황소 (영화) → 필 Unstoppable
> - 한 오빠는 골프 스타 (노래) → 필 Golf Star
> - 한 멧도요새 이야기 (책) → 필 Contes de la Bacasse
> - 한 평안감사 향연도 (그림) → 필 Feast for the Pyongyang Governor
> - 한 젊은이의 양지 (드라마) → 필 Our Sunny Days of Youth

4. 작품 제목의 띄어쓰기는 관행을 고려하여 한국어 의미 단위로 띄우고 앞 글자는 대문자로 표기한다.

제8항 음식명

1. 음식명의 의미역은 재료명, 맛, 조리법, 형태 중 특징적인 요소를 드러내어 간결하게 번역하고 맥락에 따라 의미가 통하면 음역과 의미역을 적절히 선택할 수 있다.

> 예
>
> - 한 생선 구이 → 필 (inihaw na + 재료명) inihaw na isda
> - 한 새우볶음밥 → 필 (sinangag na may+재료명) sinangag na may hipon
> - 한 김치만두 → 필 kimchi mandu / kimchi dumpling
> - 한 계란후라이 → 필 pritong itlog

2. 필리핀 타갈로그어 사용 지역에서 이미 널리 알려진 음식명은 음역만 제시할 수 있다. 이때 필리핀 타갈로그어의 표기 기준을 따르지 않아도 된다.

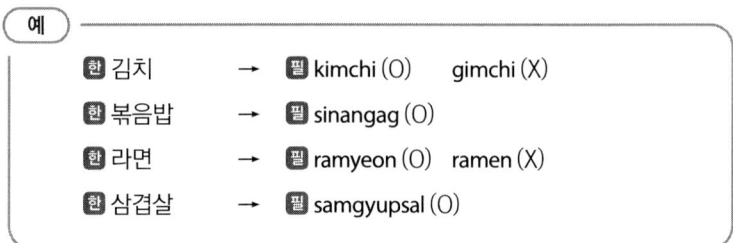

3. 음료명의 경우 필리핀 타갈로그어의 대중적인 표현으로 번역한다.

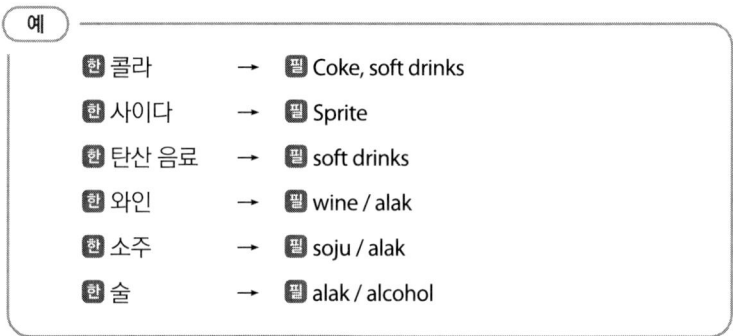

4. 음식명을 의미역한 결과가 필리핀 타갈로그어의 음식명으로 부적절한 경우 음역한다.

5. 한식이 아닌 외국 음식은 원래 음식명을 고려하되 필리핀 타갈로그어 맥락에 맞게 번역 및 표기한다.

예

- 한 스테이크 → 필 steak
- 한 랍스터 → 필 lobster
- 한 알리오 올리오 → 필 aglio olio

제3절 어휘 및 표현

제1항 보통 명사

1. 보통 명사는 필리핀 타갈로그어 중 가장 적절하게 대응하는 단어 및 표현으로 의미역한다. 이때 한국어-타갈로그어 사전 또는 한국어-영어 사전을 참고하되, 문맥과 실제 사용 양상을 고려하여 유연하게 적용한다.

2. 보통 명사 중 한국 고유의 문화 용어로서 필리핀 타갈로그어 대응역을 찾기 어려운 경우, 한국의 로마자 표기법 또는 필리핀 타갈로그어의 한국어 음역 표기 기준에 따라 음역한다. 즉, 의미역하거나 해설을 추가하지 않도록 한다.

한국어	필리핀 타갈로그어	적합 여부
사주	saju	○
	saju(four pillars of destiny)	X

3. 필리핀 타갈로그어는 고어보다 현대 필리핀어에서 사용되는 자연스러운 단어를 선택해 번역한다.

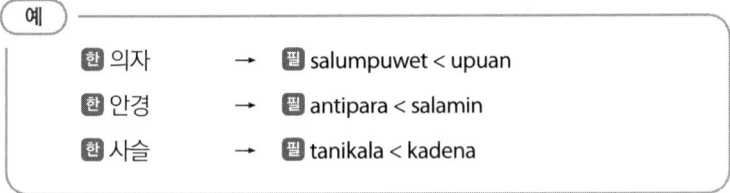

제2항 대명사

1. 한국어의 대명사는 필리핀 타갈로그어의 특징과 맥락에 따라 적절하게 번역한다.

		단수형(Singular)	복수형(Plural)
1인칭	한	나, 저	우리, 저희
	필	ako(주격)/ko(목적격)	kami/namin
2인칭	한	너, 자네, 당신*	너희
	필	ikaw/ka	kayo/ninyo, nyo
3인칭	한	그, 그녀(f)**	그들, 그녀들**
	필	siya/niya	sila/nila

* 부부 사이에서 서로를 지칭하는 말로 쓰는 경우가 있으니 주의해야 한다. (cf. 제6항)

** 요즘 문어체의 표현으로만 쓴다. 구어체에서는 '그 여자'로 표현한다.

2. 주어나 목적어에 위치한 인칭 대명사나 지시 대명사가 생략된 경우, 필리핀 타갈로그어의 특징에 따라 생략 또는 복원할 수 있다.

> 예
>
> 한 (우리) 실내에 들어가 있자.
> → 필 Pumasok tayo't manatili sa loob.

제3항 수사와 단위 명사

1. 숫자(기수/서수), 날짜(연/월/일/요일), 시간 등은 아라비아 숫자와 국제 통용 단위로 쓰는 것을 원칙으로 한다.

2. 한국어 원문에 고유어 숫자로 표기된 기수의 경우 필리핀 타갈로그어 단어로 번역하며, 서수의 경우 10 이상의 숫자가 사용된 경우에는 아라비아 숫자를 사용해 표기한다.

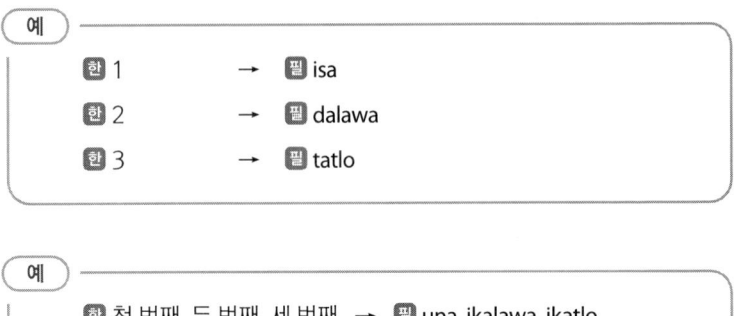

3. 시간을 번역할 때는 한국어 원문의 형식을 따른다. 단, 오전과 오후 등 시간 명사를 표기할 때는 축약 표현을 사용하지 않는 것을 권장한다.

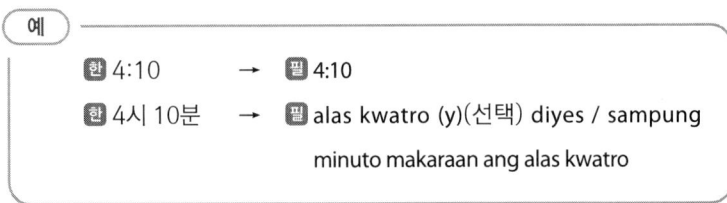

(단, 필리핀 타갈로그어 시간 표현은 문어체이므로 구어체에서는 일반적으로 사용되지 않음.)

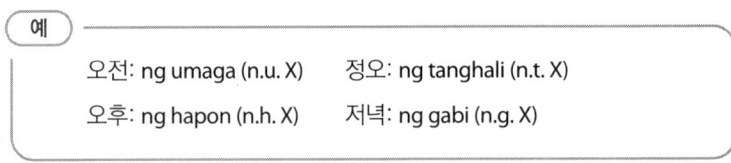

4. 날짜: 날짜는 일반적으로 'ika-' 접두사를 사용해 전체 표현을 축약해 표기한다.

> **예**
>
> 한 3월 23일 → 필 ika-23 ng Marso
> 한 2022년 8월 27일 금요일 → 필 Biyernes, Agosto 27, 2022

5. 단위 명사는 그 의미와 기능을 고려하여 필리핀 타갈로그어의 특성에 맞게 번역 및 표기한다. 다만, 필리핀 타갈로그어의 특징에 따라 수를 표현하거나 다른 기호로 표기할 수 있다.

구분	한국어	영어	필리핀 타갈로그어
숫자	하나, 둘, 셋	one, two, three	isa, dalawa, tatlo
시간	3시	3 o'clock	alas tres
	오후 세 시	Three o'clock in the afternoon	alas tres ng hapon
	10분	10 minutes	10 minuto
단위	10킬로미터	10 kilometers	10 kilometro
	30명	30 people	30 tao / 30 katao
	서른 명	thirty people	tatlumpung tao / tatlumpung katao
	다섯 잔	five cups of ...	limang tasang ...

제4항 외래어와 외국어

1. 외국어와 외래어의 구별은 『표준국어대사전』과 『우리말샘』 등재 여부를 기준으로 한다.

2. 외국어와 외래어 중 고유 명사의 경우, 원래 언어(예 프랑스어)에 대한 필리핀 타갈로그어의 관용 방식에 따라 적절하게 표기한다.

3. 고유 명사가 아닌 외국어와 외래어는 그것이 가리키는 개념이나 대상에 대응하는 필리핀 타갈로그어의 실제 표현으로 번역 및 표기한다. 이때 실제 사용 여부가 중요하므로 어원이 달라도 가능하다.

> 예
>
> 한 요오드(Jod 독일어 유래) → 필 Iodine

4. 한편, 한국식 영어 표현 또는 한국어 표현이 필리핀 타갈로그어에서 통용되는 경우 그대로 사용할 수 있다. 이와 관련해서는 261쪽 [별표 3]의 옥스퍼드 영어 사전(OED)에 수록된 한국어 유래 단어를 참고할 수 있다.

> 예
>
> 한 스킨십, 대박, 한류, 먹방
> → 필 skinship, daebak, Hallyu, mukbang

5. 한국어에서 사용되는 영어 외래어의 경우 필리핀 타갈로그어에 대응어가 있으면 필리핀 타갈로그어 단어를 사용해 번역한다. 또한, 한국어 외래어가 필리핀 타갈로그어에서도 고유어보다 외래어로 사용되는 경우가 많으면 그 단어를 선정한다.

> 예
>
> 한 스크린 → 필 telon < screen/iskrin
> 한 컨디션 → 필 kalagayan < kondisyon
> 한 서비스 → 필 lingkod < service

※ 단, 외래어가 고유 명사일 경우에는 필리핀어 단어로 변경하지 않는다.

> 예
>
> 영어 단어 global을 뜻하는 필리핀어 단어 pandaigdigan이 있으나 고유 명사인 '서울글로벌센터'는 영문 Seoul Global Center로 표기한다.

제5항 전문 용어

1. 전문 용어는 법률, 군사, 경제, 심리, 교육, 과학, 의학, 공학, 건설, 예술, 종교 등 전문 분야에서 주로 사용하는 용어를 뜻한다.

2. 전문 용어의 정확한 의미를 고려하고, 한국어-필리핀 타갈로그어 전문 용어 사전 또는 한국어-영어 전문 용어 번역 용례를 참고하여 번역한다. 동식물 등은 학명을 참고할 수 있다.

   - 한국어 전문 용어의 의미 검색: 『우리말샘』, 네이버백과사전, 각종 전문 용어사전
   - 표준화된 한-영 번역 참고: 국립국어원의 표준전문용어집, 국가기술표준원의 표준용어사전, 한국정보통신기술협회 정보통신용어사전, 대한의사협회 의학용어, 국가생물종지식정보시스템, 국방과학기술용어사전, 법령용어정보사전 등

한국어	영어	필리핀 타갈로그어
결석증	calculosis	calculosis
집광렌즈	condensing lens	condensing lens

제6항 친족어 및 호칭어/지칭어

1. 한국어는 친족어가 다양하게 발달되어 있으나 필리핀 타갈로그어는 한국어에 비해 친족어가 발달하지 않았으므로 문맥에 따라 적절한 단어를 선택해 번역한다.

2. 또한, 성별이나 외가/친가 구분이 필요할 시에는 265쪽 [별표 5]를 참고하여 적절한 구, 절로 번역할 수 있다. 다만, 문맥상 명확한 구분이 필요하지 않을 경우 의미가 통하는 수준으로 번역하면 된다.

> 예
>
> 한 이모, 고모 → 필 tiya(hin)/tita
> 한 삼촌, 외삼촌, 큰아버지, 작은 아버지 → 필 tiyo(hin)/tito

> 예
>
> 한 남동생 → 필 nakababatang kapatid na lalaki
> 한 여동생 → 필 nakababatang kapatid na babae
> 한 이모 → 필 tiyahin sa nanay
> 한 외삼촌 → 필 tiyuhin sa nanay

3. 화자-청자 관계 및 상황에 따라 부르거나 지칭하는 표현이 다양하므로 문맥 내 인물 간 관계를 최대한 파악하고 필리핀 타갈로그어의 특징과 맥락에 맞게 번역한다.

> 예
>
> 한 자기, 당신, 여보, 선생님, 사장님, 손님 → 필 상황에 맞게 번역

> **예**
>
> 한 자기는 왜 항상 시간을 착각하는 거야?
> → 필 Mahal, bakit lagi kang nagkakamali sa oras?
> 한 이게 다 당신을 닮아서 그런 거지.
> → 필 Mana sa'yo ang lahat ng ito kaya ganyan.
> 한 배구 얼른 가르쳐 주세요, 선생님.
> → 필 Pakituruan niyo po kami agad ng volleyball, Titser.
> 한 여보, 나와서 저녁 먹어.
> → 필 Mahal, lumabas ka na at kumain ng hapunan.
> 한 사장님, 오징어 2마리 얼마예요?
> → 필 Magkano po ang dalawang pusit?
> 한 손님 여기 메뉴판이랑 물이 있습니다.
> → 필 Nandito po ang menu at tubig.

제7항 속담과 고사성어 및 관용 표현

1. 속담, 격언, 고사성어, 관용 표현 등은 필리핀 타갈로그어에서 가장 유사한 의미의 표현으로 번역한다.

> **예**
>
> 한 가는 말이 고와야 오는 말이 곱다.
> → 필 Kung anong ipinukol, siyang bubukol.

2. 특히, 한국어의 특정 상황에서 쓰는 관용구나 관용 표현은 필리핀 타갈로그어의 유사 상황에서 쓰는 표현으로 적절하게 번역한다. 이때 유사 표현이 없는 경우 검수원 논의를 통해 의역할 수 있다.

한국어	필리핀 타갈로그어
낯이 두껍다	makapal ang mukha
촌철살인	matalas ang dila
양다리를 걸치다	namamangka sa dalawang ilog

2. 완벽히 일치하지 않는 관용 표현이 많겠으나 아래 제시한 인사말 번역 정도로 번역한다.

예
- 한 즐거운 시간 보내시기 바랍니다. → 필 Sana po mag-enjoy kayo.
- 한 이쪽으로 오세요. → 필 Sumunod po kayo sa akin.
- 한 잘 먹겠습니다. → 필 Salamat po sa pagkain.
- 한 새해 복 많이 받으세요. → 필 Manigong bagong taon.
- 한 다녀오겠습니다. → 필 Babalik po ako.

제8항 연어, 공기 관계, 선택 제약

1. 연어(連語, collocation)및 구동사는 두 개 이상의 단어가 결합하여 의미적으로 하나의 단위를 이루는 말을 뜻한다.

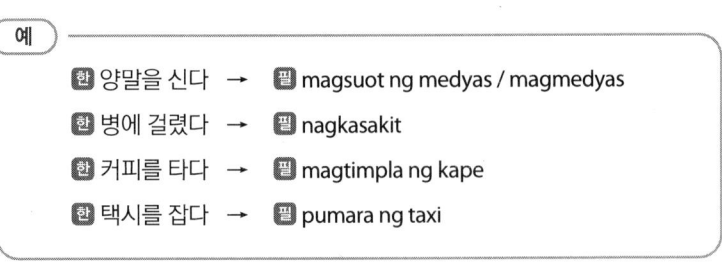

예
- 한 양말을 신다 → 필 magsuot ng medyas / magmedyas
- 한 병에 걸렸다 → 필 nagkasakit
- 한 커피를 타다 → 필 magtimpla ng kape
- 한 택시를 잡다 → 필 pumara ng taxi

2. 공기(共起, co-occurrence)는 한 요소가 나타나면 다른 요소가 거의 항상 동시에 나타나는 관계를 말한다.

> **예**
>
> 할머니께서 차를 드신다. ('-께서'는 '-(으)시-'와 공기 관계)
> 한 진지 드셨어요?
> → 필 Kumain na po ba kayo? (복수형 존칭 대명사-po와 공기 관계)

3. 한국어의 연어나 공기 관계를 고려하되, 필리핀 타갈로그어의 특징에 맞게 가감, 조정하여 번역한다.

제9항 신조어와 유행어

1. 신조어와 유행어의 의미와 쓰임을 고려하여 필리핀 타갈로그어의 맥락에 맞게 번역한다. 필리핀 타갈로그어에도 유사한 신조어나 유행어가 있을 경우 검수원 내 합의에 따라 적용할 수 있으나 적절성에 대한 합의가 어려운 사례는 음역할 수 있다.

2. 한국어 신조어의 경우는 영어 단어가 존재하는 경우 외래어로서 영어권에서 널리 사용되는 단어와 표현을 고려해 번역한다. 그리고 괄호를 이용해 내용을 추가하지 않는다.

> **예**
>
> 한 기러기 아빠 → 필 kireogi appa
> 한 먹방 → 필 mukbang

3. 신조어가 단순히 줄어든 표현인 경우 풀어서 번역할 수 있다.

한국어	필리핀 타갈로그어
아아 주세요.	Pa-order po ng iced Americano.
뜨아 한 잔 주세요.	Pa-order po ng isang hot Americano.

제10항 축약어

1. 원문의 한국어 또는 로마자 약어를 그대로 표기하는 것이 부적절한 경우, 필리핀 타갈로그어에서 통용되는 방식으로 풀어서 번역할 수 있다.

2. 원문에 약어만 있으면 필리핀 타갈로그어도 약어만 표기하고, 약어가 아닌 경우 필리핀 타갈로그어도 약어를 쓰지 않는 것을 원칙으로 한다. 다만, 언어별 맥락과 관용에 따라 표기할 수 있다.

3. 원문이 '한글(로마자 약어)'의 형태인 경우, 한글 부분은 번역하고 약어는 그대로 둔다. 로마자 사용 언어는 한글만 번역하여 표기할 수 있으며, 이때 이중 표기가 되지 않도록 주의한다.

예 EU (EU)처럼 이중 표기 금지

한국어	필리핀 타갈로그어	적합 여부
엘에이다저스	LA Dodgers	○
맨유	Manchester United	○
유엔(UN)	UN	○
	UN (UN)	X

제4절 문법 및 담화

제1항 문장 성분과 어순

1. 문장 수는 원문이 한 문장인 경우 번역문도 한 문장이어야 한다. 원문의 내용을 축약하거나 원문에 없는 내용을 추가하지 않는다. 단, 형용사구 사용 등 자연스러운 번역을 위해 쉼표의 추가 및 삭제는 가능하다.

2. 문장의 어순은 일반적으로 서술어가 먼저 오는 자연스러운 필리핀 타갈로그어 어순을 따른다.

> 예
>
> 한 나는 비행기에서 푹 잤어.
> → 필 Mahimbing akong natulog sa eroplano (O)
> Ako ay natulog nang mahimbing sa loob ng eroplano (X)

3. 문장 성분 추가: 한국어 문장에 주어나 목적어가 나타나지 않는 경우에는 문맥에 맞게 필리핀 타갈로그어 문장에 적절한 주어를 선택해 번역한다.

> 예
>
> 한 (너) 밥 먹었어? → 필 Kumain ka na ba?
> 한 (저는) (당신을)사랑해요. → 필 Mahal kita.

제2항 주요 문법 표현

1. 한국어와 필리핀 타갈로그어에서 대응되는 주요 문법 표현은 263쪽 [별표 4]를 참고하되, 의미상 문제가 없으면 다른 표현을 사용할 수 있다.

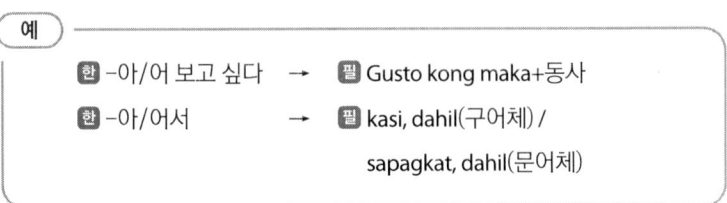

2. 한국어에 대응되는 표현이 필리핀 타갈로그어에서 관용적으로 사용되면 그 표현을 참고한다.

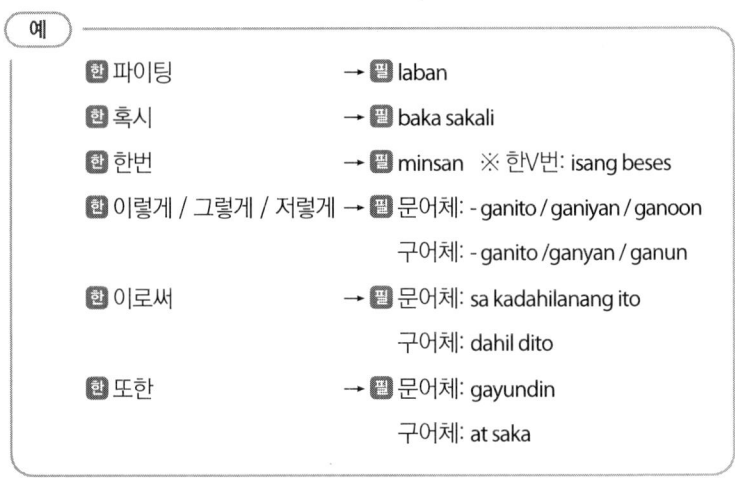

제3항 긍정과 부정

1. 한국어의 평서문과 의문문에서의 긍정과 부정의 표현은 그 의미와 의도를 고려하고 필리핀 타갈로그어의 맥락에 맞게 번역한다. 경우에 따라 긍정을 부정으로, 또는 부정을 긍정으로 바꿀 수 있으나 이러한 변환은 최소화한다.

2. 일반 부정 "안", "못" 부정과 긴 부정 또는 "아니다"를 보통 필리핀 타갈로그어에서 "hindi"로 표현한다.

> **예**
>
> 한 경인이 아직 학교에 안 왔다.
> → 필 Hindi pa dumarating si Gyeong-in sa eskwelahan.
> 한 민수가 술을 마시지 않는다.
> → 필 Hindi umiinom ng alak si Minsu.
> 한 저는 김치를 못 먹어요.
> → 필 Hindi ako makakain ng kimchi.
> 한 저 사람은 학생이 아닙니다.
> → 필 Hindi estudyante ang taong 'yon.
> 한 아니, 이거 말고 다른 거 없어?
> → 필 Hindi, wala na bang iba maliban dito?

3. 위의 내용을 제외하고는 한국어 동사나 형용사의 반의어도 필리핀 타갈로그어에서 보통 "hindi"를 사용해서 번역한다.

> **예**
>
> 한 맛없다.   → 필 Hindi masarap.
> 한 재미없다. → 필 Hindi interesante.
> 한 필요 없다. → 필 Hindi kailangan.

3.1. 마찬가지로, 무능력 "못 하다"의 의미와 유사한 "-을 수 없다"도 필리핀 타갈로그어에서 "hindi"를 사용해서 표현한다.

> **예**
>
> 한 오늘 회의에 참석할 수 없어요.
> → 필 Hindi ako makakadalo sa meeting ngayong araw.
> 한 매운 음식을 먹을 수 없어요.
> → 필 Hindi ako makakain ng maanghang na pagkain.

4. 금지 "말다"는 필리핀 타갈로그어에서 보통 "huwag"를 사용해서 번역한다.

> 예
>
> 한 담배를 피우지 마세요.
> → 필 Huwag po kayong manigarilyo.
> 한 저쪽에 가지 마요.
> → 필 Huwag kang pupunta banda roon.

5. 비존재의 "없다"는 필리핀 타갈로그어에서 보통 "wala"로 번역한다.

> 예
>
> 한 시간 없어요. → 필 Wala akong oras.
> 한 남친 없다고요? → 필 Wala kang boyfriend kamo?

제4항 능동, 피동, 사동

1. 한국어 원문이 능동으로 되어 있어도 필리핀 타갈로그어의 문법적 특징 또는 자연스러운 번역을 위해서 피동이나 사동으로 바꿀 수 있다. 마찬가지로 피동을 능동이나 사동으로 바꿀 수 있으며, 사동을 능동이나 피동으로 바꿀 수 있다.

> 예
>
> 한 경찰이 사건 현장을 확인했다.
> → 필 Kinumpirma ng pulis ang pinangyarihan ng insidente. (O)
>   Nagkumpirma ang pulis ng pinangyarihan ng insidente. (O)
> 한 최우수 선수(MVP)에 선정됐다.
> → 필 Napili siya bilang Most Valuable Player (MVP). (O)
>   Pinili siya bilang Most Valuable Player (MVP). (X)

2. 다만, 원문의 방식으로 번역하여도 무리가 없다면 이러한 변환은 최소화한다.

제 5 항 성과 수

1. 성은 원문과 번역문의 성을 최대한 일치시킨다. 원문의 성이 불분명한 경우 검수원 논의하여 정한다.

2. 수는 원문과 번역문의 수를 최대한 일치시킨다. 특히 한국어 원문에 단수/복수 구별이 명료하지 않더라도 가능한 문맥을 통해 수를 파악하여 필리핀 타갈로그어에 어색하지 않게 번역한다.

제 6 항 높임법과 공손성

1. 한국어에서 문법적 요소나 어휘 등을 통해 특정 인물을 높이거나 낮추는 표현의 방법 및 공손성 정도 등을 최대한 고려하되 필리핀 타갈로그어의 특징과 맥락에 따라 적절하게 번역한다. 높임의 대상이 불분명하거나 불특정 다수에 대한 표현은 정중한 방향으로 번역한다.

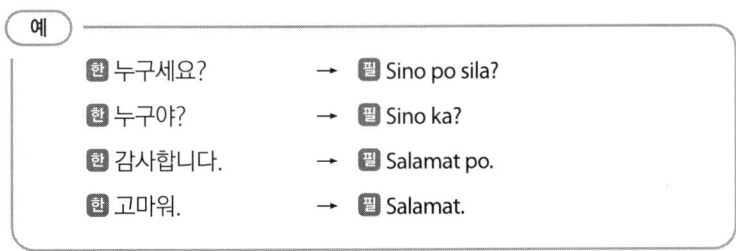

3. 한국어의 격식/비격식체 높임법 체계를 필리핀 타갈로그어로 다 번역할 수는 없으나 최대한 문맥과 뉘앙스를 반영하여 다음을 참고하여 번역할

수 있다. 다만 한국어와 의미만 일치한다면 검수원의 판단으로 다양한 표현으로 번역하는 것도 허용하며, 이럴 경우 필리핀 타갈로그어 문법에 맞는 표현이면 된다.

> **예**
>
> **하십시오**
> 한 (필요한 일이 있다면) 말씀하십시오.
> → 필 (Kung may kailangan po kayo/sila,) magsabi po kayo/sila.
>
> **해요**
> 한 (필요한 일이 있다면) 말해요.
> → 필 (Kung may kailangan ka,) magsabi ka.

제7항 구어체와 문어체

1. 구어체는 현대 필리핀인들의 실제 사용역을 반영해 번역한다.

> **예**
>
> 구어체 축약어: bakit < ba't
> hindi < 'di
> ninyo < niyo < n'yo
> iyan < 'yan
> 구어체 철자법: ganoon < ganun
> mayroon < meron

2. 한국어의 문어체와 구어체, 비격식체와 격식체의 특성이 필리핀 타갈로그어 문장에서 잘 드러나도록 알맞은 어휘와 표현을 선택해 번역한다.

예시 어휘	구어	문어
사진	litrato/picture/piktyur	larawan
그럼*	kung ganun	kung gayon
하지만	pero	subalit/ ngunit
그래도	kahit	datapwa't
-(으)니까	kasi	sapagkat /dahil
-기 위해서/려면	para	upang

* 다만 관용성을 존중해 구어에서도 kung gayon을 허용

3. 비격식 구어체 한국어 문장의 경우에는 반드시 'po'를 쓰지 않아도 된다. 단, 문맥상 필요한 경우에는 비격식 구어체의 특징을 잘 보여주기 위해 사용하여 번역한다.

> 예
>
> 어디에 가세요?: Saan kayo pupunta? / Saan po kayo pupunta?
> (참고: 2인칭 대명사 'kayo'를 통해 높임법이 실현되므로 반드시 'po'를 사용하지 않아도 무방함.)

4. 필리핀 타갈로그어 구어체 문장에서는 일반적으로 서술격표지 사용되지 않는다. 단, 문어체에서 'ay'가 사용될 경우에는 문장상 서술어를 명확히 하거나 주어를 강조하기 위한 목적으로 사용되므로 그 외의 경우에는 'ay'를 사용해 번역하지 않는다.

> 예
>
> 삼양라면은 출시 당시 큰 인기를 얻지 못했다.
> 1. Hindi sumikat ang Samyang Ramyeon noong una itong inilabas.
>   (일반적으로 자연스러운 문장구성)
> 2. Ang Samyang ramyeon ay hindi sumikat noong una itong inilabas. (주어를 강조하기 위해 ay 구문을 쓴 경우)

5. 고유어가 존재하지만 번역 내용이 대중 매체의 내용이거나 구어체가 강하게 드러나는 경우에는 필리핀 언론에서 공식적으로 사용되고 있는 어휘 및 표현, 실제 필리핀인들의 사용역을 반영해 번역한다.

> 예
> ~씨: (남)Ginoo, Mr/(여)Binibini, Ms
> 실례합니다: Mawalang-galang lang po / Excuse me

6. 호칭어의 경우에는 문맥에 맞게 적절한 단어를 선택해 번역한다.

> 예
> 손님, 고객님: Sir/Ma'am
> 선생님: Titser
> 사장님: Boss

제 5 절 표기법

제 1 항 철자

1. 필리핀 타갈로그어의 철자법은 필리핀어위원회 (Commission on the Filipino Language) 규정을 따른다.
2. 한국어 음역 시 256쪽 [별표 1]을 참고한다.

제 2 항 띄어쓰기

1. 한국어 끝에 문장 부호(마침표, 물음표, 느낌표)가 있을 경우, 번역문에도 동일한 기능의 문장 부호로 표시한다.
2. 원문이 한 문장인 경우, 번역문도 최대한 한 문장이어야 한다. 단, 형용사구 사용 등 자연스러운 번역을 위해 쉼표의 추가 및 삭제는 가능하다.
3. 원문에 없던 ( ) [ ] / 등의 부호를 이용하여 불필요한 설명을 추가하지 않는다. 괄호 사용 시, 괄호 앞뒤는 한 칸씩 띄운다.

한국어	필리핀 타갈로그어	적합 여부
한강	Ilog ng Hangang	O
	Hangang (The river flows through Korea's central region)	X

4. 특수 기호($, ®, ™ 등)는 원문과 최대한 동일하게 사용하되 필리핀 타갈로그어의 특징과 맥락에 따라 조정할 수 있다.
5. 원문에 강조나 인용 등을 위해 쓰인 작은따옴표 ' '는 번역문에서 큰따옴표 " "로 표기한다.

제6절 참고 자료

제1항 관련 규범

- 한글 맞춤법과 표준어 규정
  https://kornorms.korean.go.kr/regltn/regltnView.do#a
- 로마자 표기법과 로마자 표기 용례
  https://kornorms.korean.go.kr/example/exampleList.do?regltn_code=0004
- 외래어 표기법, 외래어 표기 용례집, 정부·언론외래어심의공동위원회 자료
  https://kornorms.korean.go.kr/example/exampleList.do?regltn_code=0003
- 공공용어의 외국어 번역 용례
  https://publang.korean.go.kr/pubWord/pubWordDataIntro.do
- 문화재 명칭 영문 표기 기준 규칙
  https://www.law.go.kr/LSW/admRulLsInfoP.do?admRulSeq=2100000183730
- 자연·인공 지명 정비 및 관리 등에 관한 규정
  https://www.law.go.kr/LSW/admRulLsInfoP.do?admRulSeq=2100000197909#AJAX
- 도로명 주소법 시행 규칙
  https://www.juso.go.kr/openEngPage.do

제2항 사전 및 용례집 검색

- 국립국어원 한국어-외국어 학습 사전
  https://krdict.korean.go.kr/
- 국립국어원 표준국어대사전
  https://stdict.korean.go.kr/main/main.do
- 우리말샘(전문가 감수 완료된 항목만 적용)
  https://opendict.korean.go.kr

- 한국학중앙연구원 한국학영문용어용례사전

  http://digerati.aks.ac.kr:94

- 한국미술다국어용어사전

  https://www.gokams.or.kr:442/visual-art/art-terms/intro/info.asp

- 국립국어원의 표준전문용어집

  https://www.korean.go.kr/front/imprv/stndrdList.do?mn_id=159

- 국가기술표준원 표준용어사전

  https://standard.go.kr

- 한국정보통신기술협회 정보통신용어사전

  http://terms.tta.or.kr

- 대한의사협회 의학용어

  https://term.kma.org

- 국가생물종지식정보시스템

  http://www.nature.go.kr/main/Main.do

- 한경경제용어사전

  https://dic.hankyung.com

- 국방과학기술용어사전

  http://dtims.dtaq.re.kr:8070/search/main/index.do

제3항 참고 일람표

별표 1

한국어-필리핀 타갈로그어 자모 대응표

● 모음

한국어 모음	필리핀 타갈로그어 모음 음소**	필리핀 타갈로그어 음역
ㅏ	a	a
ㅓ	Ø	eo
ㅗ	o	o
ㅜ	u	u
ㅡ	Ø	eu
ㅣ	i	i
ㅐ	Ø	ae
ㅔ	e	e
ㅑ	ya	ya
ㅕ	Ø	yeo
ㅛ	yo	yo
ㅠ	yu	yu
ㅒ	Ø	yae
ㅖ	ye	ye
ㅘ	wa	wa
ㅚ	Ø	oe
ㅙ	Ø	wae
ㅝ	Ø	wo
ㅟ	wi	wi

ㅖ	we	we
ㅢ	∅	ui

● 자음

한국어 자음	필리핀 타갈로그어 자음 음소*	필리핀 타갈로그어 음역
ㅁ	m	m
ㅂ	b/p	b/p
ㅃ	∅	pp
ㅍ	∅	p
ㄴ	n	n
ㄷ	d/t	d/t
ㄸ	∅	tt
ㅌ	∅	t
ㄹ	r/l	r/l
ㅅ	s	s
ㅆ	∅	ss
ㅈ	∅	j
ㅉ	∅	jj
ㅊ	∅	ch
ㄱ	k	g/k
ㄲ	∅	kk
ㅋ	∅	k
ㅎ	h	h
ㅇ	ng	-/ng

* IPA로 표시
**∅ = 대등 음소 없음.

※ 참고 사항

- 한국어에서 /l/과 /r/은 서로 변이음으로 인식하지만, 필리핀 타갈로그어에서는 다른 음운으로 인식하여 표기한다.
- /ng/은 한국어 음절 구성에 두음으로 불가능하나 필리핀 타갈로그어에서는 가능하여 어두에서는 '낭', 비어두에서는 '응'으로 발음된다.
- 필리핀 타갈로그어는 평음이 대부분 경음으로 실현되며, 평음으로 실현되는 외래어는 각각 'ㄱ, ㄷ, ㅂ, ㅅ, ㅈ'가 'g, d, b, s, j'로 표기된다.
- 필리핀 타갈로그어는 경음이 없으나, 외래어 표기 시 'ㅋ, ㅌ, ㅍ, ㅊ'는 'k, t, p, ch'로 표기하며 발음은 경음에 가깝다.

별표 2

자연 지명 후부 요소 번역어 일람표

순번	구분	한국어명	영어	필리핀 타갈로그어
1	자연 지명	강	River	ilog
2		갯벌	Tidal Flat	katihan
3		고개	Pass	pass
4		골	Valley	lambak
5		곶	Cape	tangos
6		능선	Ridge	gulugod
7		늪	Marsh	latian
8		분지	Basin	lambak
9		사구	Dune	burol/bundok ng buhangin
10		산	Mountain	bundok
11		습지	Wetland	latian
12		오름	Parasitic Cone	gulod
13		폭포	Falls	talon
14		하천	Stream	batis
15		호수	Lake	lawa
16	인공 지명	시청	City Hall	city hall
17		주민센터	Community Service Center	community center
18		민원봉사실	Public Service Center	civil service office
19		어린이집	Daycare Center	kindergarten

순번	구분	한국어명	영어	필리핀 타갈로그어
20	인공 지명	초등학교	Elementary School	mababang paaralan
21		버스정류장	Bus Stop	sakayan ng bus
22		시외버스터미널	Intercity Bus Terminal	terminal ng bus
23		요금소	Tollgate	toll gate
24		선착장	Quay	pantalan
25		기념관	Memorial Hall	memorial hall
26		전시관	Exhibition Hall	galeriya
27		야구장	Baseball Stadium	baseball field
28		축구장	Soccer Stadium	soccer field
29		보건소	Community Health Center	health center
30		지하상가	Underground Shopping Center	underground shopping center

별표 3

옥스퍼드 영어 사전 등재 한국어 유래 단어의 예
(2022 업데이트)

구분	한국어	영문 표기
한식	갈비	Kalbi
	김밥	Gimbap
	김치	Kimchi
	불고기	Bulgogi
	비빔밥	Bibimbap
	잡채	Japchae
	치맥	Chimaek
호칭어/지칭어	누나	Nuna
	오빠	Oppa
	언니	Unni
한류 / K-합성어	한류	Hallyu
	K-드라마	K-drama
	K-팝	K-pop
	K-푸드, 컬쳐, 스타일, 뷰티	K-food / culture / style / beauty
문화 / 기타	기생	Kisaeng
	대박	Daebak
	만화	Manhwa
	먹방	Mukbang

구분	한국어	영문 표기
문화 / 기타	스킨십	Skinship
	시조	Sijo
	애교	Aegyo
	양반	Yangban
	온돌	Ondol
	원	Won
	재벌	Chaebol
	태권도	Taekwondo
	트로트	Trot
	파이팅	Fighting
	학원	Hagwon
	한글	Hangul
	한복	Hanbok
	PC방	PC bang

별표 4

주요 문법 표현

- -기 전에 - bago + 동사 (부정사)
- -아/어 보다: maka + 동사 / Subok + 굴절어미 + na + 보충절
- -아/어 보고 싶다: Gusto kong maka + 동사
- -아/어서: kasi (구어체) / dahil (문어체)
- -이/가 되다: maging[현재] / naging[과거] (띄어쓰기) 형용사/명사 어간
- -아/어지다: 접두사um + 형용사 어간
- -아/어 드릴까요?: Gusto nyo po bang…? / i-/ipag + 동사 어간 + ko po kayo + (목적어)?
- -아/어도 되다, -아/어 주시겠어요?: Maaari[문어] / Pwede[구어] po bang…?
- -아/어 주세요: paki + 동사 어간
- -아/어야 해요: -Dapat (na) + 부정사/형용사/명사 [모든 서술어 가능] / Kailangan (na/g) + 부정사/형용사/명사 [모든 서술어 가능]
- -(으)셨으면 좋겠습니다: Sana + 보충절
- -은/는 (것이/게) 어떠세요/어때요?: Ano pong tingin n'yo?/ Anong tingin mo…? / Ano kaya kung…?
- -(으)ㄴ 후에/-(으)ㄴ 다음에: pagka + 동사 어간 (예 pagkakain, pagkalabas), pagkatapos + 부정사 (예 pagkatapos kumain, pagkatapos lumabas)
- -(으)ㄹ까요?: [명령법 동사 + tayo] (예 Maglakad/Lakad tayo?)
- -(으)ㄹ 수 있다: [maka-, naka-, nakaka-, makaka-] + 동사 어간 (예 Nakakasulat, Nakalakad) [주어가 행위자 아닌 경우] 접두사 'ma-' [na, na/ma + 동사 어간의 CV1 중복] (예 Nasusulat, Nalakad)/ Kaya + na + 보충절 [부정사만 가능] (예 Kaya na sumulat, Kaya na maglakad)

- -(으)ㄹ 수 없다: (위 형태 둘 다) 문장 앞에 'Hindi' 붙여야 함 (예 Hindi nakakasulat, Hindi kaya na maglakad)
- -(으)ㄹ 때: tuwing/ kapag
- -(으)러 가자: Punta + tayo [3인칭 복수 주격] + sa/ng + 위치 + para + 부정사
- -(으)려고: para/upang(격식) + 동사
- -(으)려고 하다: Balak + 부정사
- -(으)면: kung/kapag
- -을/를 위해: upang [문어]/para sa
- -에 대해: tungkol sa
- -을/를 통해: sa pamamagitan ng
- -도: rin / din (명사가 모음으로 끝나면 rin, 자음으로 끝나면 din 사용)

별표 5

친족어 일람표

한국어	필리핀 타갈로그어	
할아버지	lolo	lolo sa tatay
외할아버지		lolo sa nanay
할머니	lola	lola sa tatay
외할머니		lola sa nanay
외삼촌	tito	tito sa nanay
큰아버지 / 삼촌		tito sa tatay
고모	tita	tita sa tatay
이모		tito sa nanay
아버지	ama	
아빠	tatay / 'tay	
어머니	ina	
엄마	nanay/ 'nay	
형, 오빠	kuya	
누나, 언니	ate	
사촌	pinsan	
남동생	nakababatang kapatid na lalaki	
여동생	nakababatang kapatid na babae	
남편	asawa	
아내	asawa	
아들	anak na lalaki	

한국어	필리핀 타갈로그어
딸	anak na babae
시아버지	biyenang lalaki
시어머니	biyenang babae

러시아어

제9장
한국어-러시아어 번역 세부 지침

제9장
한국어-러시아어 번역 세부 지침

제1절 기본 원칙

제1항 의미의 정확성

1. 원문과 번역문이 의미상으로 1:1 대응, 즉 등가성(equivalence)을 이루어야 한다. 즉, 원문의 맥락적 의미와 기능을 고려하여 정확하게 번역한다.

2. 의미상 불필요한 첨가와 누락, 내용의 불일치에 주의한다. 다만, 러시아어의 문법적 특징에 따라 생략된 한국어의 주어나 목적어 등을 복원하여 추가할 수 있다.

3. 중의적 표현의 경우, 맥락을 파악하여 정확한 의미로 번역한다. 특히 수식어가 수식하는 대상, 부정 표현이 부정하는 대상, 한국어 동음어와 다의어의 의미 파악, 번역 가능한 유의어의 적절한 선택을 고려하여 번역한다.

출발어	러시아어	적합 여부
세종 대왕은 1443년에 훈민정음을 창제하였다.	Король Седжон создал Хунминджоным в 1443 году.	○
	Король Седжон создал корейскую письменность, которая была завершена в 1443 году, а опубликована спустя несколько лет в 1446 году.	X

제2항 맥락의 실제성

1. 원문의 목적, 용법, 요구, 맥락 등을 고려하여 적절하게 번역해야 한다.
2. 직역을 원칙으로 하되, 직역이 어색한 경우 원문의 의미에 충실하고 현시에서 실제로 사용하는 자연스러운 표현으로 번역한다.
3. 존댓말-반말, 격식체-비격식체의 경우, 원문의 성격과 맥락을 파악하여 번역한다. 불특정 다수에게 사용되는 문장은 정중한 표현으로 번역한다.

제3항 문체의 적절성

1. 구어체-문어체, 격식체-비격식체의 차이가 드러날 경우 이를 고려하여 번역한다.
2. 일상 대화, 시나리오나 대본, 신문 기사 등의 장르적 특성이 드러날 경우, 러시아어에서도 이를 고려하여 번역한다.

제2절 고유 명사

1. 러시아어에 대응하는 번역어가 없는 고유 명사는 음역한다.

2. 고유 명사의 음역은 러시아어에서 한국어를 키릴 문자로 표기하기 위해 통용적으로 사용하는 방식인 콘체비치 체계(Система Концевича)를 기본으로 하여 일부 표기를 수정한 기준에 따라 음역한다. 콘체비치 체계는 291쪽 [별표 1]과 같다. 필요시 유형이나 속성을 나타내는 후부 요소를 러시아어로 의미역하여 추가 표기할 수 있다.

3. 한국어가 아닌 외국어 고유 명사의 경우, 원래 언어를 바탕으로 러시아어의 관련 규범이나 관용에 따라 적절하게 표기하고 번역한다.

제1항 인명

1. 한국어 인명은 성명 전체를 러시아어의 한국어 음역 표기 방식에 따라 표기하는 것을 원칙으로 한다.

2. 한국어 인명은 성과 이름의 순서로 띄어 쓴다. 이름은 붙여 쓰는 것을 원칙으로 한다. 다만, 인명은 공식 표기법을 따르지 않고 그동안 써 오던 관용 표기를 존중하여 사용할 수 있다.

예
한 박민수 → 러 Пак Минсу

3. 외국어 인명은 원어를 고려하되 러시아어의 관련 규범이나 관용에 따라 적절히 표기한다.

제2항 기관명과 상품명

1. 기관명, 단체명, 기업명 및 상품명 등은 러시아어 사용 지역의 관용 표기를 사용하는 것이 원칙이다. 다만, 해당 명칭의 공식 영어 표기가 널리 알

려져 있는 경우에는 공식 영어 표기도 사용할 수 있다.
2. 그 외의 경우 제3목 인공 지명의 표기를 준용한다.
3. 러시아어 관용 표기 시 단어별 첫 글자를 대문자로 쓰지 않고, 기관/단체명의 첫 단어에서 첫 글자만 대문자로 쓴다. 단, 기관/기업/상품의 특별한 표기 방식이 있다면 이를 따른다.

구분		한국어	러시아어
기관/단체		문화체육관광부	Министерство культуры, спорта и туризма
		국가인권위원회	Государственный комитет по правам человека
기업		현대	Hyundai
		LG전자	LG Electronics
상표		아이폰	iPhone
		샤넬	CHANEL

제3항 인공 지명

1. 인공 지명은 시장, 공원, 건물, 저수지, 교통 시설 등 인간이 만든 구조물이나 시설물의 이름을 뜻한다.
2. 전부 요소는 음역하여 표기하고, 후부 요소는 의미역으로 제시한다. 다만, 관용 표기도 사용할 수 있다.

> **예**
>
> 한 동대문 시장 → 러 рынок Тондэмун
> 한 한신 초등학교 → 러 начальная школа Хансин
> 한 용두산 공원 → 러 парк Ёндусан
> 한 마포 대교 → 러 мост Мапхо

제4항 행정 구역명

1. 행정 구역명에서 전부 요소인 고유 명사는 러시아어의 한국어 음역 표기 기준에 따라 표기한다.
2. 행정 구역명과 후부 요소인 행정 구역 단위 사이에는 붙임표(-)를 사용하되, 붙임표(-) 앞뒤에서 일어나는 음운 변화는 표기에 반영하지 않는다.
3. 행정 구역 단위는 아래와 같이 음역 표기한다. 다만, '시'는 음역하지 않으며 맥락에 따라 의미역(город)으로 제시할 수 있다. '도'는 음역 대신 의미역(провинция)으로 제시할 수 있다.

	한국어	러시아어
1단계	도	-до
	시	-
2단계	군	-гун
	구	-гу
3단계	읍	-ып
	면	-мён
	동	-дон
4단계	리	-ри

> **예**
>
> 한 경기도 → 러 Кёнги-до / провинция Кёнги
> 한 서울시 → 러 Сеул / город Сеул
> 한 서초구 → 러 Сочхо-гу
> 한 인왕리 → 러 Инван-ри

제5항 도로명

1. 도로명 중 '-대로', '-로', '-길(번길)'은 각각 '-дэро', '-ро', '-гиль (бонгиль)'로 표기하거나 러시아어의 한국어 음역 표기 기준에 따라 표기한다.

2. 다만, '고속도로'를 영어에서 'Expressway'로 번역하듯이 러시아어 사용 맥락에 따라 의미역할 수 있다.

> **예**
>
> 한 세종대로 → 러 Седжон-дэро
> 한 강변북로 → 러 Канбёнбук-ро
> 한 서간도길 → 러 Согандо-гиль
> 한 서해안 고속도로 → 러 Скоростная автомагистраль Сохэан

제6항 자연 지명

1. 자연 지명은 자연적으로 형성된 곳으로 산, 고개, 섬, 강, 호수 등을 뜻한다.

2. 한국어 지명 전체(전부+후부)를 음역하여 표기한 뒤, 이해를 돕기 위해 지명의 후부 요소의 의미역을 '추가' 표기하는 것을 원칙으로 한다. 다만, 그동안 써 오던 관용 표기를 사용할 수 있다.

> 예
>
> 한 한강 → 러 река Ханган

한국어	러시아어	한국어	러시아어
금강	река Кымган	완도	остров Вандо
남산	гора Намсан	속리산	гора Соннисан
장산곶	мыс Чансангот		

3. 외국의 지명은 원래 언어를 고려하여 러시아어의 규범이나 관용에 따라 번역한다.

> 예
>
> 한 타슈켄트 → 러 Ташкент
> 한 로스앤젤레스 → 러 Лос–Анджелес

제7항 문화유산명 및 예술 작품명

1. 한국 문화유산 명칭의 번역 및 표기는 문화재청의 '문화재 명칭 영문 표기 기준 규칙'을 준용하여 키릴 문자로 표기한다. 러시아 문화유산의 명칭은 러시아연방위원회의 공식 명칭 기준을 따르며 관용 표기도 허용한다. 그 외 국가의 문화유산 명칭은 관용 표기를 따른다.

2. 명칭 전체(전부+후부)를 음역 표기한 뒤, 후부 요소의 의미역을 추가한다. 다만, 그동안 써 오던 관용 표기를 사용할 수 있다.

3. 책, 그림, 노래, 영화와 같은 예술 작품의 경우 러시아어로 번역된 공식 제목을 사용한다. 이러한 공식 표기가 없다면, 제목 전체를 러시아어로 음역 표기한다.

한국어	러시아어	적합 여부
숭례문	ворота Суннемун	O
모스크바 크렘린	Московский Кремль	O

제8항 음식명

1. 한국 고유의 음식명은 전체를 러시아어의 한국어 음역 표기 기준에 따라 음역하는 것이 원칙이다. 다만, 그동안 써 오던 관용 표기(의미역)도 사용할 수 있다.

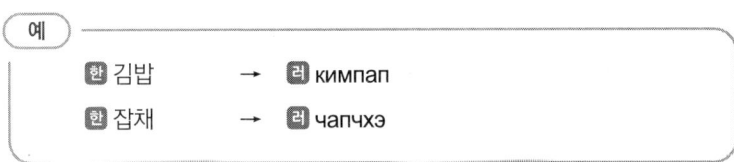

예
- 한 김밥 → 러 кимпап
- 한 잡채 → 러 чапчхэ

2. 러시아어 사용 지역에서 이미 널리 알려진 한국 음식명은 음역을 제시하되, 이때 러시아어의 한국어 음역 표기 기준을 따르지 않아도 사용할 수 있다.

예
- 한 김치 → 러 кимчи

3. 한식이 아닌 외국 음식은 원래 음식명을 고려하되 러시아어 맥락에 맞게 번역 및 표기한다.

제3절 어휘 및 표현

제1항 보통 명사

1. 보통 명사는 러시아어 중 가장 적절하게 대응하는 단어 및 표현으로 의미역한다. 이때 한국어-러시아어 사전 또는 국립국어원 한국어-러시아어 학습 사전을 참고하되, 문맥과 실제 사용 양상을 고려하여 유연하게 적용한다.

2. 보통 명사 중 한국 고유의 문화 용어로서 러시아어 대응역을 찾기 어려운 경우, 러시아어의 한국어 음역 표기 기준에 따라 음역한다. 단, 의미역하거나 해설을 추가하지 않는다.

한국어	러시아어	적합 여부
사주	Саджу	○
	Саджу (нумерологический гороскоп по дате и времени рождения)	X

제2항 대명사

1. 한국어의 대명사는 러시아어의 특징과 맥락에 따라 적절하게 번역한다.
2. 주어나 목적어에 위치한 인칭 대명사나 지시 대명사가 생략된 경우, 러시아어의 특징과 맥락에 따라 생략 또는 복원할 수 있다.

제3항 숫자와 단위

1. 숫자(기수/서수), 날짜(연/월/일/요일), 시간 등은 아라비아 숫자와 국제 통용 단위로 쓰는 것을 원칙으로 한다. 다만, 경우에 따라 로마 숫자도 사용할 수 있다.

> **예**
> 한 21세기 → 러 21 век / XXI век
> 한 제10차 정기 회의 → 러 10 сессия / X сессия

2. 러시아어에서 날짜는 한국어와 반대로 일, 월, 년 순으로 표기한다. 그리고 월은 숫자가 아니라 해당 월을 의미하는 명사로 표기한다.

> **예**
> 한 2023년 2월 28일 → 러 28 февраля 2023 г.

3. 단위 표기는 러시아어에서 통용되는 방식으로 표기한다.

구분	한국어	러시아어
시간	15시	15:00
	3시	3 часа
단위	mm(밀리미터)	мм
	MW(메가와트)	МВт

4. 한국어에서 사용된 ₩, ₽, $ 등의 통화 기호는 그대로 번역하되, 기호가 아닌 발음으로 표기된 경우에는 러시아어에서 통용되는 표기(키릴 문자)를 사용한다.

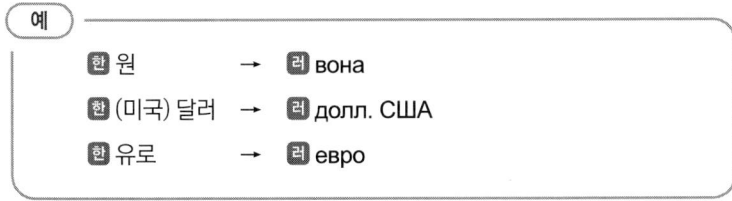

> **예**
> 한 원 → 러 вона
> 한 (미국) 달러 → 러 долл. США
> 한 유로 → 러 евро

제 4 항 외래어와 외국어

1. 외국어와 외래어의 구별은 『표준국어대사전』과 『우리말샘』 등재 여부를 기준으로 한다.
2. 영어 외래어의 경우 러시아어에 대응하는 단어로 번역한다. 만약 대응하는 단어가 없다면 의미역으로 번역한다.

> **예**
>
> 한 카페 → 러 кафе
> 한 버스 → 러 автобус

3. 외국어와 외래어 중 고유 명사의 경우, 원래 언어에 대한 러시아어의 음역 표기 기준이나 관용 방식에 따라 적절하게 표기한다.
4. 한편, 한국식 영어 표현(예 핸드폰, SNS 등)의 경우 러시아어에 대응하는 단어로 번역하되, 대응하는 단어가 없다면 의미역으로 번역한다. 한국어 영어 표현이 러시아어에서 통용되는 경우 키릴 문자로 바꿔서 사용할 수 있다(예 대박 тэбак, 한류 Халлю, 김치 кимчи 등).

> **예**
>
> 한 핸드폰 → 러 сотовый телефон
> 한 SNS → 러 соцсети

제 5 항 전문 용어

1. 전문 용어는 법률, 군사, 경제, 심리, 교육, 과학, 의학, 공학, 건설, 예술, 종교 등 전문 분야에서 주로 사용하는 용어를 뜻한다.
2. 전문 용어의 정확한 의미를 고려하고, 한국어-러시아어 전문 용어 사전 또는 한국어-영어 전문 용어 번역 용례를 참고하여 번역한다. 동식물 등

은 학명을 참고할 수 있다.

- 한국어 전문 용어의 의미 검색: 『우리말샘』, 네이버백과사전, 각종 전문 용어사전
- 표준화된 한-영 번역 참고: 국립국어원의 표준전문용어집, 국가기술표준원의 표준용어사전, 한국정보통신기술협회 정보통신용어사전, 대한의사협회 의학용어, 국가생물종지식정보시스템, 국방과학기술용어사전, 법령용어정보사전 등

한국어	영어	러시아어
시가총액	market capitalization	рыночная капитализация

제6항 친족어와 호칭어/지칭어

1. 한국어는 친족어(예 형, 오빠, 누나, 언니 등)가 다양하게 발달되어 있다. 러시아어에 일대일 대응이 가능한 어휘가 있다면 그 어휘로 번역한다. 만약 그렇지 않다면 성별이나 외가/친가 여부 등 문맥에 적절한 친족어를 선택하여 번역한다.

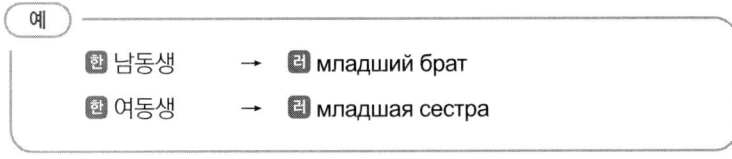

2. 한국어는 가족이 아닌 사람에게도 친족어(이모, 형, 오빠, 누나, 언니, 동생 등)로 부르는 등의 언어문화적 특징이 있다. 또한 화자-청자 관계 및 상황에 따라 부르거나 지칭하는 표현이 다양하다(예 자기, 당신, 여보, 선생님, 사장님 등). 그러므로 이러한 한국어의 특징을 바탕으로 문맥 내 인물 간 관계를 최대한 파악한 뒤, 러시아어의 특징과 맥락에 맞게 아래와 같이 적절하게 번역한다.

> 예
>
> - 한 과장님 → 러 начальник отдела
> - 한 김 사장님 → 러 директор Ким
> - 한 이모(식당 직원) → 러 Можно вас, пожалуйста!

제7항 속담과 고사성어 및 관용 표현

1. 속담, 격언, 고사성어, 관용 표현 등은 러시아어에서 가장 유사한 의미의 표현으로 번역한다.

2. 특히, 한국어의 특정 상황에서 쓰는 관용구나 관용 표현은 러시아어의 유사 상황에서 쓰는 표현으로 적절하게 번역한다. 다만, 유사한 표현을 찾을 수 없는 경우에는 직역도 허용한다.

> 예
>
> - 한 일석이조
>   → 러 Одним выстрелом убить двух зайцев.
> - 한 시작이 반이다.
>   → 러 Доброе начало — половина дела.
> - 한 가는 말이 고와야 오는 말이 곱다.
>   → 러 Как аукнется, так и откликнется.
> - 한 (인사말) 수고하셨습니다.
>   → 러 Хорошо поработали.

제8항 의성어와 의태어

1. 한국어와 유사한 의성어와 의태어가 있는 경우는 러시아어에서 대응되는 표현으로 번역한다.

2. 러시아어에서 대응되는 표현이 없는 경우에는 최대한 원문의 의미가 잘 전달되도록 번역한다.

제9항 신조어와 유행어

1. 신조어는 러시아어에서 대응되는 표현으로 번역하되, 대응하는 표현이 없으면 음역한다. 추가적인 뜻풀이를 하지 않는다.

2. 신조어가 단순히 줄어든 표현인 경우 풀어서 번역할 수 있다.

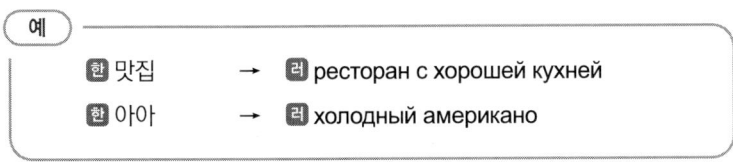

제10항 축약어

1. 원문의 한국어 또는 로마자 약어는 대응하는 키릴 문자로 표기한다. 다만, 약어를 그대로 표기하기가 부적절한 경우에는 러시아어에서 통용되는 방식으로 풀어서 번역할 수 있다.

2. 원문에 약어만 있으면 러시아어도 약어만 표기하고, 약어가 아닌 경우 러시아어도 약어를 쓰지 않는 것을 원칙으로 한다. 다만, 러시아어의 맥락과 관용에 따라 표기할 수 있다.

3. 원문이 '한글(로마자 약어)'의 형태인 경우, 한글 부분만 번역하거나 약어만 남김으로써 이중 표기가 되지 않도록 주의한다. 한편, 원문이 '한글 본말(한글 약어)'의 형태인 경우, 약어는 표기하지 않고 본말만 번역한다.

한국어	러시아어	적합 여부
엘에이다저스	Лос-Анджелес Доджерс	○
맨유	Манчестер Юнайтед	○
유엔	ООН	○
유엔(UN)	ООН	○
	ООН (ООН)	X
전당대회 준비위원회(전준위)	Организационный комитет съезда партии	○

제4절 문법 및 담화

제1항 문장 성분과 어순

1. 최대한 한국어 원문에 충실히 번역하되, 직역으로 인해 지나치게 어색한 번역문의 경우 맥락에 맞게 문장 성분을 적절히 추가하거나 생략할 수 있다.

2. 어순은 러시아어 규범에 맞으며 원문의 의미가 잘 전달되도록 구성한다. 구어체에서는 단어의 나열 순서를 의도에 따라 바꿔서 번역할 수 있다(강조하고 싶은 단어는 문장 앞에 넣는 경우 등).

> 예
>
> Я иду в школу. (나는 간다 학교에) : 나는 학교에 간다.
> Я в школу иду. (학교에 가요) : 나는 다른 데가 아닌 학교에 간다.

제2항 긍정과 부정

1. 한국어의 평서문과 의문문에서의 긍정과 부정의 표현은 그 의미와 의도를 고려하고 러시아어의 맥락에 맞게 번역한다.

> 예
>
> 한 따뜻한 물은 있나요? → 러 У вас есть тёплая вода?
> 한 따뜻한 물은 없나요? → 러 У вас нет тёплой воды?

2. 경우에 따라 긍정을 부정으로, 또는 부정을 긍정으로 바꿀 수 있으나 이러한 변화는 최소화한다.

제3항 능동, 피동, 사동

1. 한국어 원문이 능동으로 되어 있어도 러시아어의 문법적 특징 또는 자연스러운 번역을 위해서 피동이나 사동으로 바꿀 수 있다. 마찬가지로 피동을 능동이나 사동으로 바꿀 수 있으며, 사동을 능동이나 피동으로 바꿀 수 있다.
2. 다만, 원문의 방식으로 번역하여도 무리가 없다면 이러한 변환은 최소화한다.

제4항 성과 수

1. 성: 원문과 번역문의 성을 최대한 일치시킨다. 특히 남성어와 여성어를 구별하는 러시아어로 번역할 때 주의해야 하며, 원문의 성이 불분명한 경우 남성형으로 가정할 수 있다.
2. 수: 원문과 번역문의 수를 최대한 일치시킨다. 특히 한국어 원문에 단수/복수 구별이 명료하지 않더라도 문맥을 통해 수를 파악하여 번역하고, 부득이한 경우에는 단수형으로 가정할 수 있다.

> 예
>
> 한 맛집이라고 안 쓰여 있지만 가서 먹어야겠다.
> → 러 Нигде не написано, что это ресторан с хорошей кухней, но я должен сходить туда и попробовать.

3. 러시아어 동사의 과거 시제는 성과 수에 따라 구분하여 사용되므로 구어체의 경우 발화자의 성별에 주의하여 번역한다. 발화자가 아닌 주어의 성을 판단하기 어려운 경우, 남성형으로 가정할 수 있다.

한국어	러시아어
나는 어제 영화를 봤어.	[남] Я вчера смотрел фильм.
	[여] Я вчера смотрела фильм.

제5항 높임법과 공손성

1. 2인칭 대명사가 주어인 한국어 문장에서는 높임 표현으로 러시아어의 2인칭 대명사 복수형인 Вы를 사용한다.

2. 격식적인 요청 상황에서 공손함을 드러내는 표현인 경우에는 пожалуйста를 사용하여 번역한다.

> 예
>
> 한 선생님이세요? → 러 Вы учитель?
>
> 한 4시로 예약 부탁드리겠습니다.
>
> → 러 Забронируйте на 4 часа, пожалуйста.

제6항 구어체와 문어체 및 격식체와 비격식체

1. 구어체는 현대 러시아어 사용자들의 실제 사용역을 반영해 번역한다. 문어체도 원문의 장르적 특성을 고려하고 해당 장르의 일반적인 용례를 참고한다.

2. 한국어의 비격식체 및 격식체의 특성이 러시아어 문장에서 잘 드러나도록 알맞은 어휘와 표현을 선택하여 번역한다. 예를 들어, 한국어의 격식적인 문장이 러시아어에서 비격식적인 문장으로 번역되지 않도록 주의해야 한다.

구분	한국어	러시아어
비격식	이틀 동안 학교에 못 가요.	Я 2 дня не смогу ходить в школу.
격식	이틀 동안 수업에 참석을 못 하는데 허락해 주십시오.	Прошу освободить меня от занятий на 2 дня.

제 5 절 표기법

제 1 항 철자와 띄어쓰기

1. 러시아어의 표준 규범에 따라 정확한 철자를 사용하여 번역한다.
2. 한국어는 한글 맞춤법에 맞게 띄어 쓰고, 러시아어는 러시아어의 공식적인 띄어쓰기 규범을 따른다.
3. 띄어쓰기가 2번 이상(이중 공백) 되지 않도록 주의한다.

제 2 항 문장 부호와 특수 기호

1. 원문의 문장 부호(마침표, 물음표, 느낌표 등)는 원문의 의미가 잘 전달되고 러시아어의 구두법에 맞도록 번역문에서 다르게 표시할 수도 있다.

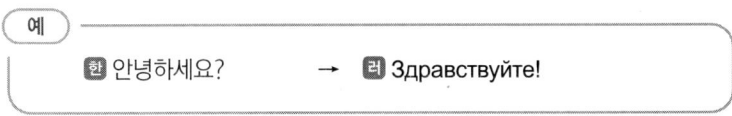

예
한 안녕하세요? → 러 Здравствуйте!

2. 원문이 한 문장인 경우, 번역문도 최대한 한 문장이어야 한다. 단, 형용사구 사용 등 자연스러운 번역을 위해 쉼표의 추가 및 삭제는 가능하다.
3. 원문에 없던 ( ) [ ] / 등의 부호를 이용하여 불필요한 설명을 추가하지 않는다.

한국어	러시아어	적합 여부
한강	река Ханган	O
	река Ханган (Река пересекает центральный район (центр) Кореи)	X

4. 특수 기호(®, ™ 등)는 원문과 최대한 동일하게 사용하되 러시아어의 특징과 맥락에 따라 조정할 수 있다.

5. 원문에 강조나 인용 등을 위해 쓰인 작은따옴표 ' '도 번역문에서 동일한 기능의 기호로 표기한다.

제6절 참고 자료

제1항 관련 규범

- 한글 맞춤법과 표준어 규정
  https://kornorms.korean.go.kr/regltn/regltnView.do#a
- 공공용어의 외국어 번역 용례
  https://publang.korean.go.kr/pubWord/pubWordDataIntro.do
- 문화재 명칭 영문 표기 기준 규칙
  https://www.law.go.kr/LSW/admRulLsInfoP.do?admRulSeq=2100000183730
- 자연·인공 지명 정비 및 관리 등에 관한 규정
  https://www.law.go.kr/LSW/admRulLsInfoP.do?admRulSeq=2100000197909#AJAX
- 도로명 주소법 시행 규칙
  https://www.juso.go.kr/openEngPage.do

제2항 사전 및 용례집 검색

- 국립국어원 한국어-러시아어 학습 사전
  https://krdict.korean.go.kr/rus
- 국립국어원 표준국어대사전
  https://stdict.korean.go.kr/main/main.do
- 우리말샘(전문가 감수가 이뤄진 결과만 적용)
  https://opendict.korean.go.kr
- 한국학중앙연구원 한국학영문용어용례사전
  http://digerati.aks.ac.kr:94
- 한국미술다국어용어사전
  https://www.gokams.or.kr:442/visual-art/art-terms/intro/info.asp

- 국립국어원의 표준전문용어집

  https://www.korean.go.kr/front/imprv/stndrdList.do?mn_id=159

- 국가기술표준원 표준용어사전

  https://standard.go.kr

- 한국정보통신기술협회 정보통신용어사전

  http://terms.tta.or.kr

- 대한의사협회 의학용어

  https://term.kma.org

- 국가생물종지식정보시스템

  http://www.nature.go.kr/main/Main.do

- 한경경제용어사전

  https://dic.hankyung.com

- 국방과학기술용어사전

  http://dtims.dtaq.re.kr:8070/search/main/index.do

제3항 참고 일람표

별표 1

콘체비치 체계(Система Концевича)

※ [별표 1]은 한국어를 키릴 문자로 표기하는 콘체비치 체계를 일부 수정한 것임.

1. 한글 자모음의 러시아식 표기는 다음의 표와 같다.

자음	표기	로마자 표기	모음	표기	로마자 표기
ㄱ	К- / -г- / -к	g / k	ㅏ	А	a
ㄴ	Н	n	ㅑ	Я	ya
ㄷ	Т- / -д- / -т	d / t	ㅓ	О	eo
ㄹ	Р / -ль	r / l	ㅕ	Ё	yeo
ㅁ	М	m	ㅗ	О	o
ㅂ	П- / -б- / -п	b / p	ㅛ	Ё	yo
ㅅ	С / -т	s	ㅜ	У	u
ㅇ	-н	ng	ㅠ	Ю	yu
ㅈ	Ч / -дж- / -т	j	ㅡ	Ы	eu
ㅊ	ЧХ / -т	ch	ㅣ	И	i
ㅋ	КХ / -к	k	ㅐ	Э	ae
ㅌ	ТХ / -т	t	ㅒ	ЙЕ / -е-	yae
ㅍ	ПХ / -п	p	ㅔ	Е / е*	e
ㅎ	Х	h	ㅖ	ЙЕ / -е-	ye
ㄲ	КК	kk	ㅚ	ВЕ	oe
ㄸ	ТТ	tt	ㅟ	ВИ	wi

* ㅔ의 표기는 기본적으로 Е / е로 표기하나 한국어의 발음을 고려하여 Э로 표기하는 것도 허용한다.

자음	표기	로마자 표기	모음	표기	로마자 표기
ㅃ	ПП	pp	ㅢ	ЫЙ / -и-	ui
ㅆ	СС / -т	ss	ㅘ	ВА	wa
ㅉ	ЧЧ	jj	ㅝ	ВО	wo
			ㅙ	ВЭ	wae
			ㅞ	ВЕ	we

2. 일부 글자는 특정 글자의 뒤에 올 때, 단어의 중간에서 다음의 표와 같이 표기된다.

첫 음절의 마지막 둘째 음절의 시작	ㄴ Н	ㅇ Нъ	ㅁ М	ㄹ Ль	ㄱ К	ㅂ П
ㄱ К	НГ	НГ	МГ	ЛЬГ	КК	ПК
ㄴ Н	НГ	НН	МН	ЛЛ	НН	МН
ㄷ Т	НД	НД	МД	ЛЬТТ	КТ	ПТ
ㄹ Ль	ЛЛ	НН	МН	ЛЛ	НН	МН
ㅁ М	НМ	НМ	ММ	ЛЬМ	НМ	ММ
ㅂ П	НБ	НБ	МБ	ЛЬБ	КП	ПП
ㅅ С	НС	НС	МС	ЛЬСС	КС	ПС
ㅈ Ч	НДЖ	НДЖ	МДЖ	ЛЬЧЧ	КЧ	ПЧ
ㅊ ЧХ	НЧХ	НЧХ	МЧХ	ЛЬЧХ	КЧХ	ПЧХ
ㅋ КХ	НКХ	НКХ	МКХ	ЛЬКХ	ККХ	ПКХ
ㅌ ТХ	НТХ	НТХ	МТХ	ЛЬТХ	КТХ	ПТХ
ㅍ ПХ	НПХ	НПХ	МПХ	ЛЬПХ	КПХ	ППХ
ㅎ Х	НХ	НХ	МХ	РХ	КХ	ПХ

제10장

한국어-우즈베크어 번역 세부 지침

제10장
한국어-우즈베크어 번역 세부 지침

1. 원문의 의미와 맥락을 고려하여 우즈베크어의 특징과 상황에 맞도록 정확하고 자연스럽게 번역한다.
2. 우즈베크어의 언어문화적 전통성과 고유성을 살리면서 우즈베크어 사용자들이 실질적으로 이해할 수 있는 수준으로 번역해야 한다.
3. 전체적으로 정확성, 적절성, 일관성, 가독성의 원리를 고려한다.

제1절 기본 원칙

제1항 의미의 정확성

1. 원문의 맥락적 의미와 기능을 고려하여 정확하게 번역한다.
2. 의미상 불필요한 첨가와 누락, 내용의 불일치에 주의한다. 다만, 우즈베크

어의 문법적 특징에 따라 생략된 주어 등을 복원하여 추가할 수 있다.

3. 중의적 표현의 경우, 맥락을 파악하여 정확한 의미로 번역한다.

제2항 맥락의 실제성

1. 원문의 목적, 용법, 요구, 맥락 등을 고려하여 적절하게 번역해야 한다.

2. 직역을 원칙으로 하되, 직역이 어색한 경우 원문의 의미에 충실하고 현지에서 실제로 사용하는 자연스러운 표현으로 번역한다.

3. 존댓말-반말, 격식체-비격식체의 경우, 원문의 성격과 맥락을 파악하여 번역한다.

제3항 문체의 적절성

1. 구어체-문어체, 격식체-비격식체를 고려하여 번역한다.

2. 일상 대화, 시나리오나 대본, 신문 기사의 장르적 특성을 고려하여 번역한다.

제2절 고유 명사

1. 고유 명사의 음역은 우즈베크어 음역 방식을 준용한다. 우즈베크어로 음역할 경우 311쪽 [별표 1] 한국어-우즈베크어 대조 음역 표기를 참고하여 음역한다. 필요시 유형이나 속성을 나타내는 후부 요소를 우즈베크어로 의미역하여 추가 표기할 수 있다.
2. 외래어 고유 명사의 경우, 원래 언어를 바탕으로 우즈베크어의 관련 규범이나 관용에 따라 적절하게 표기 및 번역할 수 있다.

제1항 인명

1. 한국 인명은 성명 전체를 한국의 로마자 표기법에 따라 표기한다.
2. 한국 인명은 로마자 표기법에 따라 성과 이름의 순서로 띄어 쓴다. 이름은 붙여 쓰는 것을 원칙으로 하고, 음절 사이에 붙임표(-)를 쓰는 것을 허용한다
3. 다만, 인명은 그동안 써 오던 우즈베크어의 관용 표기를 존중하여 사용할 수 있다.

인명	로마자 표기	우즈베크어 관용 표기
손흥민	Son Heung-min	Son Hing Min
박찬호	Park Chan Ho	Pak Chan Ho

제2항 기관명과 상품명

1. 기관명, 단체명, 기업명 및 상품명 등은 해당 기관이나 기업이 쓰는 공식 영어 표기가 있더라도 우즈베크어 관용 표기를 우선 적용한다. 단, 우즈베크어 관용 표기가 없을 경우 공식 영어 표기를 사용한다.

> **예**
> 한 호텔신라 → 영 The Shilla → 우 Shilla mehmonxonasi
> 한 LG전자 → 영 LG Electronics → 우 LG Electronics kompaniyasi

제 3 항 인공 지명

1. 인공 지명은 시장, 공원, 건물, 저수지, 교통 시설 등 인간이 만든 구조물이나 시설물의 이름을 뜻한다.

2. 인공 지명은 전부 요소는 우즈베크어로 음역하여 표기하고, 후부 요소는 의미역으로 제시한다.

> **예**
> 한 광장 시장 → 우 Kvangjang bozori
> 한 서울 시청 → 우 Seul shahar hokimiyati
> 한 마로니에 공원 → 우 Maronie bog'i

제 4 항 행정 구역명 및 도로명

1. 행정 구역명 전체(전부+후부)를 우즈베크어로 음역한 뒤, 다시 행정 구역 단위에 대해 우즈베크어 의미역을 추가한다.

2. 단, 서울시는 우즈베크어권 관용 표기에 따른다.

> **예**
> 한 충청북도 → 우 Chungchongbukdo provinsiyasi
> 한 서울시 → 우 Seul shahri

3. 도로명은 전체를 우즈베크어로 음역하고, 후부 요소에 대한 우즈베크어

의미역을 추가한다.

> **예**
>
> 한 세종대로 → 우 Sejongdero ko'chasi
> 한 강변북로 → 우 Kangbyonbungno ko'chasi

제5항 자연 지명

1. 자연 지명은 자연적으로 형성된 곳으로 산, 고개, 섬, 강, 호수 등을 뜻한다.

2. 자연 지명은 지명 전체를 음역하되, 지명의 후부 요소는 의미역으로 추가 표기할 수 있다.

> **예**
>
> 한 한강 → 우 Hangang daryosi
> 한 한라산 → 우 Hallasan tog'i
> 한 용담 폭포 → 우 Yongdampokpo sharsharasi

제6항 문화유산명 및 예술 작품명

1. 문화유산명의 번역 및 표기는 문화재청의 '문화재 명칭 영문 표기 기준 규칙'을 참고하되 우즈베크어 표기를 우선시한다.

2. 명칭 전체를 우즈베크어로 음역 표기한 뒤, 후부 요소의 일반 명사는 우즈베크어로 의미역을 추가할 수 있다.

3. 책, 그림, 노래, 영화와 같은 예술 작품은 제목 전체를 우즈베크어로 음역 표기하되, 필요시 의미역으로 표기를 추가 제시할 수 있다. 또한 우즈베키스탄에서 사용하는 관용적 표현도 허용한다.

> **예**
> 한 경복궁 → 우 Kyongbokkung saroyi
> 한 주몽 → 우 Jumong
> 한 대장금 → 우 Saroy javohiri

제7항 음식명

1. 한국 음식명은 우즈베크어 음역으로 제시하되, 의미역하는 음식명은 관용적 표기로 인정한다.

> **예**
> 한 김치 → 우 kimchi
> 한 잡채 → 우 chapche
> 한 떡볶이 → 우 tokpokki
> 한 비빔밥 → 우 pibimpab

2. 음식명의 의미역은 312쪽 [별표 2]와 같이 재료명, 맛, 조리법, 형태 중 특징적인 요소를 드러내어 간결하게 번역한다.

제3절 어휘 및 표현

제1항 보통 명사

1. 보통 명사는 우즈베크어 중 가장 적절하게 대응하는 단어 및 표현으로 의미역한다. 한국어-우즈베크어 사전을 참고하되, 문맥과 실제 사용 양상을 고려하여 표준적인 우즈베크어로 번역한다.
2. 보통 명사 중 한국 고유의 문화 용어로서 우즈베크어 대응역을 찾기 어려운 경우, 311쪽 [별표 1] 한국어-우즈베크어 음역 표기 기준에 따라 음역할 수도 있다.

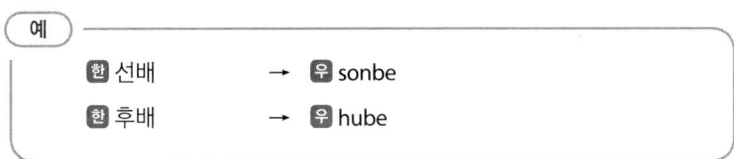

제2항 대명사

1. 한국어의 대명사는 우즈베크어의 문법적 특징에 따라 적절하게 번역한다.
2. 주어나 목적어에 위치한 인칭 대명사나 지시 대명사가 생략된 경우, 우즈베크어의 특징에 따라 생략 또는 복원할 수 있다.

제3항 수사와 단위 명사

1. 숫자(기수/서수), 날짜(연/월/일/요일), 시간 등은 아라비아 숫자와 국제 통용 단위로 쓰는 것을 원칙으로 하되, 우즈베크어권에서 사용하는 숫자 표기를 준용한다.

> **예**
>
> 한 204,000 → 우 204 ming
> 한 564 → 우 564
> 한 2021년 10월 13일 → 우 13-oktabr 2021-yil
> 한 2021.10.13. → 우 13.10.2021
> 한 2021-10-13 → 우 13-10-2021

제4항 외래어와 외국어

1. 외국어와 외래어 중 고유 명사의 경우, 우즈베크어의 음역 표기 기준이나 관용 방식에 따라 적절하게 표기한다.

2. 고유 명사가 아닌 외국어와 외래어는 그것이 가리키는 개념이나 대상에 대응하는 우즈베크어의 실제 표현으로 번역 및 표기한다. 이때 실제 사용 여부가 중요하므로 어원이 달라도 가능하다.

> **예**
>
> 독일어에서 온 한국어의 외래어 '요오드(Jod)'는 그에 대응하는 우즈베크어로 번역한다.

3. 한편, 한국식 영어 표현(예 스킨십 skinship 등) 또는 한국어 표현(예 한류 hallyu)이 우즈베크어에서 통용되는 경우 그대로 사용할 수 있다.

제5항 전문 용어

1. 전문 용어는 법률, 군사, 경제, 심리, 교육, 과학, 의학, 공학, 건설, 예술, 종교 등 전문 분야에서 주로 사용하는 용어를 뜻한다.

2. 전문 용어의 정확한 의미를 고려하고, 한국어-우즈베크어 전문 용어 사전 또는 한국어-영어 전문 용어 번역 용례를 참고하여 번역한다.

> **예**
>
> 🇰🇷 시가총액 → 🇺🇿 bozor kapitallashuvi

제6항 친족어 및 호칭어/지칭어

1. 한국어는 친족어(예 형, 오빠, 누나, 언니 등)는 우즈베크어의 특징과 맥락에 맞게 적절하게 번역한다.

2. 한국어는 가족이 아닌 사람에게도 친족어(이모, 형, 오빠, 누나, 언니, 동생 등)로 부르는 등의 언어문화적 특징이 있다. 또한 화자-청자 관계 및 상황에 따라 부르거나 지칭하는 표현이 다양하다(예 자기, 당신, 여보, 선생님, 사장님 등). 그러므로 이러한 한국어의 특징을 바탕으로 문맥 내 인물 간 관계를 최대한 파악한 뒤, 우즈베크어의 특징과 맥락에 맞게 적절하게 번역한다.

제7항 속담과 고사성어 및 관용 표현

1. 속담, 격언, 고사성어, 관용 표현 등은 우즈베크어에서 가장 유사한 의미의 표현으로 번역한다.

2. 특히, 한국어의 특정 상황에서 쓰는 관용구나 관용 표현은 우즈베크어의 유사 상황에서 쓰는 표현으로 적절하게 번역한다. 이때 직역하거나 설명하지 않도록 유의한다.

> **예**
>
> 🇰🇷 고진감래 → 🇺🇿 Mehnatning tagi rohat.
> 🇰🇷 달걀로 바위 치기 → 🇺🇿 Qo'y qarg'ishi bo'riga o'tmas.
> 🇰🇷 양다리를 걸치다 → 🇺🇿 Ikki qayiqning boshini tutmoq.

제8항 연어, 공기 관계, 선택 제약

1. 연어(連語, collocation): 두 개 이상의 단어가 결합하여 의미적으로 하나의 단위를 이루는 말을 뜻한다. 예를 들어 '잠을 자다'의 두 단어가 'sleep'으로 번역되는 것을 의미한다.

2. 공기(共起, co-occurrence): 한 요소가 나타나면 다른 요소가 거의 항상 동시에 나타나는 관계를 말한다. 즉, '할머니께서 차를 드신다.' 에서 '–께서'는 '–(으)시–'와 공기 관계에 있다.

3. 한국어의 연어나 공기 관계를 고려하되, 우즈베크어의 특징에 맞게 가감, 조정하여 번역한다.

제9항 신조어와 유행어

1. 신조어와 유행어의 의미와 쓰임을 고려하여 우즈베크어의 맥락에 맞게 번역한다. 우즈베크어에도 유사한 신조어나 유행어가 있을 경우 검수팀 내 합의에 따라 적절하게 번역할 수 있다.

2. 신조어가 단순히 줄어든 표현인 경우 풀어서 번역할 수 있다.

> 예
>
> 한 아아 주세요 → 우 Ice americano bering.
>
> 한 따아 주세요 → 우 Hot americano bering.

제10항 축약어

1. 원문의 한국어 또는 로마자 약어를 그대로 표기하는 것이 부적절한 경우, 우즈베크어에서 통용되는 방식으로 풀어서 번역한다.

> **예**
>
> | 한 산은 | → | 우 Sanoat banki |
> | 한 SNS | → | 우 Ijtimoiy tarmoq tizimi |
> | 한 GDP | → | 우 Yalpi ichki mahsulot |
> | 한 CIS | → | 우 Mustaqil davlatlar hamdo'stligi |

제4절 문법 및 담화

제1항 문장 성분과 어순

1. 우즈베크어는 기본적으로 SOV 문장 유형이며, 주어, 서술어 목적어가 주 성분이다. 아래와 같은 문어체 문장에서 주어가 생략된 한국어 문장 구조에서는 주어를 복원하여 번역한다. 단 구어 문장일 경우 생략된 주어는 그대로 번역할 수 있다.

> **예**
>
> 한 학교에서 공부를 하거나 운동을 합니다.
> → 우 Men maktabda o'qiyman yoki sport bilan shug'ullanaman.

제2항 문장의 구조

1. 우즈베크어는 한국어의 관형사형 어미로 안긴 문장이 없기 때문에 번역 시 관형사에 들어 있는 시제가 잘 드러나도록 한다.

> **예**
>
> 한 이 책은 주말에 산 책이다.
> → 우 Bu kitob dam olish kunida sotib olingan kitob.
> 한 저기서 드라마를 보고 있는 사람이 우리 엄마이다.
> → 우 Ana u yerda serial ko'rayotgan kishi-mening onam.
> 한 내가 읽을 책을 형이 가지고 갔다.
> → 우 Men o'qimoqchi bo'lgan kitobni akam olib ketdi.

제3항 긍정과 부정

1. 한국어의 평서문과 의문문에서의 긍정과 부정의 표현은 그 의미와 의도를 고려하고 우즈베크어의 상황 맥락에 맞게 번역한다.

제4항 시제와 동작상

1. 한국어 원문의 시제와 동작상의 의미를 고려하여 우즈베크어의 시제 및 동작상으로 자연스럽게 번역한다.

제5항 수

1. 단수와 복수는 원문과 번역문의 수를 최대한 일치시킨다. 특히 한국어 원문에 단수와 복수 구별이 명료하지 않더라도 문맥을 통해 수를 파악하여 우즈베크어로 번역한다.

제6항 높임법과 공손성

1. 높임법: 한국어에서 문법적 요소나 어휘 등을 통해 특정 인물을 높이거나 낮추는 표현의 방법 및 공손성 정도 등을 최대한 고려하되 우즈베크어의 특징과 맥락에 따라 적절하게 번역한다.

2. 높임의 대상이 불분명하거나 불특정 다수에 대한 표현은 정중한 방향으로 번역한다.

제7항 구어체와 문어체 및 격식체와 비격식체

1. 원문의 상황을 고려해서 격식체와 비격식체를 구분하여 자연스럽게 번역한다.

2. 구어적 상황에서 공식적인 연설, 뉴스, 회의 등은 격식체로 번역한다. 문

어적인 상황에서 공식적인 문서, 신문, 연설문 등은 격식체로 번역한다.

3. 일상적인 대화나 SNS, 문자 메시지 등의 구어적 상황에서는 비격식체를 사용하여 번역한다.

구분	예문
격식체	한 안녕하십니까! 이 자리에 와 주셔서 감사합니다. 우 Assalomu alaykum! Ushbu davraga tashrif buyurganingiz uchun o'z minnatdorchiligimizni bildiramiz.
비격식체	한 안녕하세요. 와 줘서 감사해요. 우 Assalomu alaykum! Davramizga tashrif buyurganingiz uchun rahmat!

제5절 표기법

제1항 철자

1. 우즈베크어의 표준 규범에 따라 정확한 철자를 사용하여 번역한다.

제2항 띄어쓰기

1. 한국어는 한글 맞춤법에 맞게 띄어 쓰고, 우즈베크어는 공식적인 띄어쓰기 규범을 따른다.

> 예
> 한 그는 빨리빨리 걸음을 옮겼다.
> → 우 U tez-tez qadam tashladi.

2. 띄어쓰기가 2번 이상(이중 공백) 되지 않도록 주의한다.

제3항 문장 부호와 특수 기호

1. 원문 끝에 문장 부호(마침표, 물음표, 느낌표)가 있을 경우, 번역문에도 동일한 기능의 문장 부호로 표시한다.

2. 원문이 한 문장인 경우, 번역문도 최대한 한 문장이어야 한다. 단, 형용사구 사용 등 자연스러운 번역을 위해 쉼표의 추가 및 삭제는 가능하다. 우즈베크어의 경우 한국어의 어미뿐만 아니라 접속사를 쉼표(,), 하이픈(-) 등을 활용해서 두 문장 연결이 가능하다.

> **예**
>
> 한 하늘은 높고 바다는 깊다.
> → 우 Osmon baland, dengiz chuqur.
> 한 이 대리는 밤낮으로 일만 한다.
> → 우 Menejer Li kecha-yu kunduz faqat ishlaydi.

3. 원문에 없던 ( ) [ ] / 등의 부호를 이용하여 불필요한 설명을 추가하지 않는다. 괄호 사용 시, 괄호 앞뒤는 한 칸씩 띄운다.

한국어	우즈베크어	적합 여부
한강	Hangang daryosi	O
	Hangang (atoqli otni tarjima qilish mumkin emas)	X

4. 특수 기호($, ®, ™ 등)는 원문과 최대한 동일하게 사용하되 우즈베크어의 특징과 맥락에 따라 조정할 수 있다.

5. 원문에 강조나 인용 등을 위해 쓰인 작은따옴표 ' '도 번역문에서 동일한 기능의 기호로 표기한다.

제6절 참고 자료

제1항 관련 규범

- 한글 맞춤법과 표준어 규정
  https://kornorms.korean.go.kr/regltn/regltnView.do#a
- 로마자표기법과 로마자 표기 용례
  https://kornorms.korean.go.kr/example/exampleList.do?regltn_code=0004
- 외래어표기법, 외래어 표기 용례집, 정부·언론 외래어심의공동위원회 자료
  https://kornorms.korean.go.kr/example/exampleList.do?regltn_code=0003
- 국립국어원 공공언어 통합지원
  https://publang.korean.go.kr/pubWord/pubWordDataIntro.do
- 우즈베크어 철자 규칙에 관한 규범(339-сон 24.08.1995. O'zbek tilining asosiy imlo qoidalarini tasdiqlash haqida)
  https://lex.uz/docs/-1625271

제2항 사전 및 용례집 검색

- 국립국어원 한국어-외국어 학습 사전
  https://krdict.korean.go.kr/
- 국립국어원 표준국어대사전
  https://stdict.korean.go.kr/main/main.do
- 우리말샘(전문가 감수 완료된 항목만 적용)
  https://opendict.korean.go.kr
- 한국학중앙연구원 한국학영문용어용례사전
  http://digerati.aks.ac.kr:94

제3항 참고 일람표

별표 1

한국어-우즈베크어 음역 표기 대조표

모음

ㅏ	ㅓ	ㅗ	ㅜ	ㅡ	ㅣ	ㅐ	ㅔ	ㅚ	ㅟ
a	o	o'	u	:(i)	i	e	e	ve	vi

ㅑ	ㅕ	ㅛ	ㅠ	ㅒ	ㅖ	ㅘ	ㅙ	ㅝ	ㅞ	ㅢ
ya	yo	yo'	yu	ye	ye	va	ve	vo	ve	iy

자음

ㄱ	ㄴ	ㄷ	ㄹ	ㅁ	ㅂ	ㅅ	ㅇ	ㅈ	ㅊ
k,g	n	t, d	r, l	m	p, b	s,sh	burun tovushi ng	chj, j	ch

ㅋ	ㅌ	ㅍ	ㅎ	ㄲ	ㄸ	ㅃ	ㅆ	ㅉ
kh	th	ph	h	k	t	p	s	ch

별표 2

우즈베크어 음식명 번역 일람표

구분		우즈베크어 예시	
대분류	소분류	한식명	음식명에 대한 설명
밥	밥 Pab	보리밥 Poripab	Arpa donidan dimlab pishirilgan taom
		콩나물밥 Kongnamulpab	Loviya poyasi bilan dimlangan taom
	국밥 Kukpab	돼지국밥 Tvejikukpab	Cho'chqa go'shti va guruchdan tayyorlangan sho'rva
		콩나물국밥 Kongnamulkukpab	Loviya poyasi va guruch solingan sho'rva
	덮밥 Toppab	닭고기덮밥 Takkogitoppab	Guruch ustiga tovuq qaylasi solingan taom
		송이덮밥 Songitoppab	Guruch ustiga qo'ziqorin qaylasi solingan taom
	볶음밥 Pokkimpab	새우볶음밥 Seupokkimpab	Krevetka (mayda qisqichbaqa) bilan qovurilgan guruchli taom
		해물볶음밥 Hemulpokkimpab	Dengiz mahsulotlari bilan qovurilgan guruchli taom
	주먹밥 Jumokpab	멸치주먹밥 Myolchijumokpab	Anchousli dumaloq shakldagi guruchli taom

구분		우즈베크어 예시	
대분류	소분류	한식명	음식명에 대한 설명
죽	죽 Chuk	삼계죽 Samgechuk	Jenshen va tovuqdan tayyorlangan atala
		호박죽 Hobakchuk	Qovoqli atala
면	국수, 면 Kuksu, Myon	메밀국수 Memilkuksu	Grechkadan tayyorlangan ugra
		잔치국수 Chanchikuksu	To'y ugrasi
	칼국수 Kalkuksu	해물칼국수 Hemulkalkuksu	Dengiz mahsulotlaridan tayyorlangan ugrali sho'rva
만두	만두 Mandu	김치만두 Kimchimandu	Kimchidan tayyorlangan manti
		고기만두 Kogimandu	Go'shtdan tayyorlangan manti
국, 탕, 찌개, 전골	국 Kuk	미역국 Miyokkuk	Dengiz karamidan tayyorlangan sho'rva
	탕 Tang	감자탕 Kamjatang	Cho'chqa qovurg'asidan tayyorlangan qaynatma sho'rva
		설렁탕 Sollongtang	Mol iligini uzoq vaqt davomida qaynatib tayyorlangan sho'rva
		갈비탕 Kalbitang	Mol qovurg'asidan tayyorlangan sho'rva

구분		우즈베크어 예시	
대분류	소분류	한식명	음식명에 대한 설명
국, 탕, 찌개, 전골	찌개 Chige	순두부찌개 Sundubuchige	Asl tofudan tayyorlangan qaynatma sho'rva
	전골 Chongol	두부전골 Tubuchongol	Tofu va piyoz, sabzi, kashnich, mol go'shti hamda oldindan pishirilgan qaynatma sho'rva solib tayyorlanadigan taom
찜, 조림	찜 Chim	갈비찜 Kalbichim	Dimlangan qovurg'a
		계란찜 Keranchim	Dimlangan tuxum
	조림 Chorim	두부조림 Tubuchorim	Qaynatilgan tofu
	장조림 Changchorim	소고기메추리알장조림 Sokogimechurial changchorim	Uzoq vaqt davomida soya pastasida qaynatilgan mol go'shti va bedana tuxumi
볶음	볶음 Pokkim	당근볶음 Tanginpokkim	Qovurilgan sabzi
		어묵볶음 Omugpokkim	Baliq filesiga un aralashtirib qovurilgan taom
구이	구이 Kui	생선구이 Sengsonkui	Dudlangan baliq
		장어구이 Changokui	Dudlangan ilonbaliq

구분		우즈베크어 예시	
대분류	소분류	한식명	음식명에 대한 설명
전	전 Jon	생선전 Sengsonjon	Baliqli quymoq
		감자전 Kamjajon	Kartoshkali quymoq
튀김	튀김 Tvigim	새우튀김 Seutvigim	Krevetkani un va tuxum bilan birga qovurib, tayyorlangan taom
		고구마튀김 Kogumatvigim	Shirin kartoshkani un va tuxumga botirib qovurilgan taom
장아찌	장아찌 Jangachi	고추장아찌 Kochujangachi	Soya pastasi bilan marinovka qilingan qalampir
		마늘장아찌 Maniljangachi	Soya pastasi bilan marinovka qilingan sarimsoq
젓갈	젓갈 Jotkal	새우젓 Seujot	Tuzlangan krevetka
		멸치젓 Myolchijot	Tuzlangan anchous
나물, 무침	나물 Namul	시금치나물 Shigimchinamul	Ismaloqdan tayyorlangan salat
	무침 Muchim	부추무침 Puchumuchim	Sarimsoqni tanasidan tayyorlangan salat
	생채 Sengche	무생채 Musengche	Turpli salat

구분		우즈베크어 예시	
대분류	소분류	한식명	음식명에 대한 설명
떡	떡 Tok	쑥떡 Suktok	Shuvoq va guruch unidan tayyorlangan noncha
		꿀떡 Kultok	Guruch unidan tayyorlangan asalli noncha
		인절미 Injolmi	Guruch unidan tayyorlanib no'xat, (mosh, loviya, kunjut) kukuniga botirilgan noncha
	시루떡 Shirutok	녹두시루떡 Nokdushirutok	Mosh unidan tayyorlangan noncha
	경단 Kyongdan	깨경단 Kekyongdan	Kunjutdan tayyorlangan shirinlik
적, 산적, 꼬치	적 Jok	홍어적 Hongojok	Dudlangan skat
	산적 Sanjok	송이산적 Songisanjok	Qo'ziqorinli kabob
	꼬치 kochi	낙지꼬치 Nakchikochi	Sakkizoyoqli kabob
회	회 Hve	광어회 Kvangohve	Yassi baliqdan qilingan hve
	물회 Murhve	오징어물회 Ojingomulhve	Kalmar yaxlatma sho'rva

II

한국어-외국어 병렬 말뭉치 구축을 위한
한국어 원문 정제 지침

제1장
목적 및 방향

제1절 목적

- 한국어-외국어 병렬 말뭉치 구축 과정에서 필요한 한국어 원문 정제 기준을 정하고 그 세부 절차를 정리한다.

제2절 정제 기본 방향

- 한국어 원문을 최대한 유지하되, 심각한 수준의 오류나 부적절한 표현을 교정하여 번역사나 검수원이 원문의 의미를 정확히 파악하고 번역하기에 적합한 형태로 원문을 정제한다.
- 정제의 세부적인 방침은 다음의 기본 원리를 따른다.

제1항 정확성과 규범성

- 표기와 표현이 정확성과 규범성을 갖추도록 수정한다.
- 데이터량이 방대하지 않은 병렬 데이터이므로 향후 활용 시 참조 기준이 될 수 있도록 규범성을 지향한다. 이때 한국어 어문 규정과『표준국어대사전』등을 참조한다.
- 이 원리는 주로 본 지침 제3장 세부 정제 기준 '제1절' 및 '제2절'에 연관된다.

제2항 공공성과 윤리성

- 공공 데이터로 공개되어 활용될 때 발생할 수 있는 여러 가지 문제를 줄이도록 비윤리적, 차별적 표현을 제거 또는 수정한다. 이때 정제자 간 토의를 통해 객관성을 높인다.
- 이 원리는 주로 본 지침 제3장 세부 정제 기준 '제3절'에 연관된다.

제3항 정보의 명료성

- 문장이나 발화 단위로 잘리면서 맥락 정보가 부족해질 경우 한국어 원문의 의미가 명료하게 전달되도록 제한적인 수준에서 수정한다.
- 수정할 때 정제자들은 원문의 문맥이나 외부 관련 자료(기사 등)를 참고하거나 상호 논의를 통하여 맥락 정보를 보완한다.
- 이 원리는 주로 본 지침 제3장 세부 정제 기준 '제2절' 및 '제4절'에 연관된다.

제4항 번역의 용이성

- 언어 간 차이를 고려하여 번역이 용이하도록 제한적인 수준에서 원문을 수정할 수 있다. 필요시 번역사나 검수원과 논의할 수 있다.

- 예를 들어, 한국어 원문이 어색해지지 않는 선에서 통사적으로 필수적인 주어 등의 일부 정보를 복원할 수 있다.
- 이 원리는 주로 본 지침 제3장 세부 정제 기준 '제4절'에 연관된다.

제2장

정제 절차

제1절 1차 정제(기계 정제)

- ㈜ 플리토에서 한국어 원문 데이터를 다음과 같은 기준에 따라 일괄하여 기계적으로 정제한다.

정제 기준	내용
어절 수	구어체 평균 6어절, 문어체 평균 15어절
개인 정보	전화번호, 이메일 주소 등의 개인 정보 비식별화 또는 삭제
중복 내용	완전 중복 및 90% 이상 유사 일치 문장 제거
특수 문자	구두점 확인 및 이모티콘 등 맥락상 불필요한 특수 문자 제거 (마침표, 쉼표, 물음표, 느낌표, 따옴표, 화살괄호 등 번역 시 참고할 수 있는 기호는 유지함.)

제2절 2차 정제(인적 보완 정제)

- 1차 정제에 대한 인적 보완 정제(㈜ 플리토에서 외부 업체에 의뢰)
- 신문 기사와 같은 문어체와 달리 일부 구어체 데이터의 경우, 1차 기계적 정제에서 처리되기 힘든 사항(마침표가 없는 2개 이상의 문장, 심각한 맞춤법 오류, ㅋㅋ 또는 ㅎㅎ 같은 자음의 나열 등)이 있으므로 이에 대한 보완 차원에서 2차 정제를 추가 진행한다.
- 부적절한 내용, 문장 내 자연스럽지 않은 표현, 오류가 있는 문장(오탈자 포함)을 교정 및 교열한다.

제3절 3차 정제(전문가 정제)

- ㈔ 국제한국어교육학회 정제팀 담당
- 1차 기계적 정제 및 2차 인적 보완 정제가 완료된 데이터에 대해 학회 측 전문가로 구성된 정제팀에서 내용과 맥락을 고려하여 전수 정제 작업을 진행한다. 구체적인 정제 기준은 '제3장 세부 정제 기준'과 같다.

제4절 보완 정제

- 정제 완료한 원문을 실제로 번역, 검수하는 과정에서 각 언어로 번역하기에 부적합한 원문이 발견될 경우, 번역사 또는 검수원이 '원문 신고'를 하여 작업을 보류하고 추후 원문을 정제한다.

제3장
세부 정제 기준

제1절 한국어 어문 규범에 따른 정제

- 정제자는 문맥상 의미를 고려하여 한글 맞춤법, 표준어 규정, 외래어 표기법에 어긋나는 경우 교정한다.
- 방언이나 북한어가 나올 경우, 맥락상 필요한 경우가 아니면 표준어 규정과 한글 맞춤법에 따라 수정한다.
- 사전을 참조할 때, 한국어는 『표준국어대사전』을 우선 참조하고 영어와 기타 외국어는 외래어 표기 용례집 및 『옥스퍼드 영어 사전(The Oxford English Dictionary)』을 우선 참조한다.

제1항 오자 및 비표준어에 대한 교정

- 문맥상 의미를 고려하여 오자나 비표준어가 발견되면, 한글 맞춤법 및 표준어 규정에 따라 교정한다.
- 『표준국어대사전』을 우선 참조하고 미등재된 경우 『우리말샘』을 참고할

수 있다. 단 『우리말샘』에서는 '전문가 감수 정보'에 나타난 표제어만 참조한다.

- 구어체 텍스트도 규범에 따라 교정한다. 이때 구어적 준말(예 '나는'이 줄어든 '난') 등 규범에서 인정한 것이 있으므로 주의해야 한다. (343쪽 별표 1 참고)

기준	정제 방법	예
한글 맞춤법	- 한글 맞춤법에 따라 표준어를 소리대로 적되 어법에 맞도록 교정함.	• 눈꼽(X) → 눈곱(O) • 몇 일(X) → 며칠(O) • 머릿말(X) → 머리말(O) • 오랫만(X) → 오랜만(O) • 진척율(X) → 진척률(O) • 웬지(X) → 왠지(O) • 할께요(X) → 할게요(O) • 부숴지다(X) → 부서지다(O) • 부서 버리다(X) → 부숴 버리다(O) • 장밋빛, 핑크빛, 며느릿감, 신랑감 • 좋나 봐(X) → 좋은가 봐(O)
표준어 규정/ 『표준국어 대사전』	- 비표준어를 표준어로 교정함. - 표준어 규정을 따르고, 『표준국어대사전』을 우선 참조함.	• 숫놈(X) → 수놈(O) • 장농(X) → 장롱(O) • 바램(X) → 바람(O)

제2항 외래어와 로마자 및 한자에 대한 정제

- 외래어는 외래어 표기법과 용례집 및 『표준국어대사전』과 『우리말샘』에 맞게 교정한다.
- 로마자와 아라비아 숫자는 기본적으로 그대로 사용한다.
- 그 외 문자나 기호 등이 나타날 경우 논의하여 결정한다.

1. 외래어 표기

기준	정제 방법	예
외래어 표기법	- 외래어 표기법에 따라 외래어의 한글 표기를 교정함. - 국립국어원의 외래어 용례 찾기 사이트의 검색 결과를 우선 적용하며, 검색 결과에 없으면 외래어 표기법을 따르거나 관용 표기를 따름. - 외래어를 순화어(다듬은 말)로 고치지 않음(예 '와사비'를 '고추냉이'로 바꾸지 않음).	• 초콜렛 → 초콜릿 • 바베큐 → 바비큐 • 컨텐츠 → 콘텐츠 • 요거트 → 요구르트 • 워크샵 → 워크숍 • 돈까스 → 돈가스

2. 로마자 처리

- 원문에 한글 없이 로마자만 표기된 두문자 축약어 또는 외국어 표현이 있을 경우 그대로 둘 수 있다. 다만, 의미 파악이나 번역에 지장이 있겠다고 판단될 경우 논의하여 결정한다.
- 로마자 축약어가 소문자로 나올 경우 대문자로 바꾼다. 예 sns에서 → SNS에서

3. 한자 처리

- 텍스트에 한글 없이 한자만 나온 경우, 맥락을 고려하여 한글로 독음을 추가하며, 순서는 '한글(원어 문자 + 기타 정보)' 방식으로 하는 것이 원칙이다.

구분	정제 전	정제 후	비고
한글 +한자	전세계를 神열풍으로 물들인 영화 ~	전 세계를 신(神) 열풍으로 물들인 영화 ~	한자만 있는 경우, 한글로 독음을 추가하고 한자는 괄호 처리함.
	공동특별전 '동아시아의 호랑이 미술 - 韓國, 日本, 中國-' 개막식을 ~	공동 특별전 '동아시아의 호랑이 미술 - 한국(韓國), 일본(日本), 중국(中國)-' 개막식을 ~	전시회명이지만 한자 이해나 한자 처리가 어려우므로 한글 독음을 추가함.
한자 +한글	~ 창극 '흥보展(전)'을 오는 21일까지 ~	~ 창극 '흥보전(展)'을 오는 21일까지 ~	'한글 독음(한자)' 방식으로 변경함.
로마자 +한자	〈My Glorious Heritage展〉(마이 글로리어스 헤리티지전)은 작가 ~	〈마이 글로리어스 헤리티지전(My Glorious Heritage 展)〉은 작가 ~	'한글 독음(원어 문자)' 방식으로 변경함.

제3항 띄어쓰기 교정

- 한글 맞춤법의 띄어쓰기 규정에 따라 교정한다.
- 『표준국어대사전』에 '한 단어'로 등재된 것은 붙인다(344쪽 별표 2 참고). 접사나 어미 등의 의존 형태소는 앞뒤의 자립 형태소에 붙이며(예 '구청장'은 자립 명사 '구청' + 접미사 '-장[35]'), 나머지는 기본적으로 단어별로 띄운다.
- 외래어나 외국어는 『표준국어대사전』과 『우리말샘』 결과와 외래어 표기 용례집에 따라 띄우며 없으면 『옥스퍼드 영어 사전』을 참조한다.
- 구성 성분 분석(IC)이 어려운 경우, 예컨대 '안팎, 테러리즘'처럼 형태소를 분리하면 원래 형태와 달라지거나 '5인방(人幇)'의 '방'처럼 자립-의존 여

부 판단이 불확실한 경우 붙일 수 있다.

1. 명사

- 단어의 띄어쓰기는 한글 맞춤법과 『표준국어대사전』을 기준으로 한다. 『우리말샘』의 '전문가 감수 정보' 결과는 참조할 수 있으나 『표준국어대사전』과 다를 경우 『표준국어대사전』을 따른다.
- 전문 용어는 단어별로 띄워 씀을 원칙으로 하되, 필요시 붙여 쓸 수 있다.
- 고유 명사는 인명, 기관명, 단체명, 기업명, 상품명, 작품명, 자연 지명, 인공 지명(건축물, 시설물) 등 성격이 다양하고 표기와 띄어쓰기가 복잡하므로 『표준국어대사전』의 표제어, 뜻풀이, 용례를 적극 참조하고, 없거나 판단이 힘들면 공유 시트에서 논의한다.
- 외국어 인명
  - 한국어와 중국어, 베트남어의 성명은 성–이름 순으로 쓰고 붙여 쓴다.
  - 일본어, 영어 및 기타 언어로 된 성명은 원어의 띄어쓰기에 따른다. 중간 성과 중간 이름도 기본적으로 띄우되, 연결 요소(예 De, von, d', le 등)는 뒷말에 붙인다.
  - 외래어 인명 등의 표기와 띄어쓰기는 외래어 표기법 용례를 참고하고, 불명확한 경우 공유 시트에서 논의한다.
- 예술 작품명, 문학 작품명, 책명 등은 원제의 표기 그대로 두되 '작은따옴표' 등으로 구별해 줄 수 있다. 예 영화 '바람바람바람'은 …

2. 의존 명사, 단위를 나타내는 명사, 열거하는 말 등

구분	사례	비고
의존 명사	-(으)ㄴ/는/(으)ㄹ 것 -(으)ㄴ/는/(으)ㄹ 걸 (=것을) -(으)ㄴ/는/(으)ㄹ 게 (것이) -(으)ㄴ/는/(으)ㄹ 만큼 -(으)ㄹ 만하다 -(으)ㄹ 뿐이다 -(으)ㄴ/는/(으)ㄹ 판에 -(으)ㄴ 지 1년 -(으)ㄴ/는/(으)ㄹ 바 -(으)ㄴ/는/(으)ㄹ 대로 -는 데 -던 차에 콩, 팥, 조 들 하루 만에 서울 부산 간(間)	의존 명사는 앞말과 띄어 씀. * 의존 명사와 형태가 같은 일부 조사, 어미, 접미사 등은 붙여 쓰므로 문맥을 통해 구분해야 함. • 이것뿐이다. • 법대로 • 하나만 • 기린만큼 • 급속히 늘어나는바 대책 마련이 시급하다. • 큰지 작은지 • 인사차, 확인차, 점검차 • 웃음판, 씨름판 • 사람들 • 좋을걸? 아닌걸…. • 그건 좋은데 이건 별로야. • 3년간 일했다. *접미사 '-간 (=동안)'

단위를 나타내는 명사 (의존 명사, 자립 명사 포함)	열 살 차 한 대 금 서 돈 조기 한 손 연필 한 자루	단위를 나타내는 명사는 띄어 쓺. * 본 지침에서 행정 구역 단위(시·군·구·읍·면 등)는 기본적으로 앞말에 붙임. 예 서울시 서초구
	두 시 삼십 분 제일 과 삼 학년 육 층 제1실습실 80원	– 순서를 나타내는 경우나 숫자와 어울려 쓰이는 경우 본 사업에서는 원칙대로 띄움. 다만, 아라비아 숫자와 어울릴 적에는 붙임. – 수는 '만(萬)' 단위로 띄어 쓺. 다만 맥락상 변조 등의 사고 방지를 위해 붙여 쓴 것은 그대로 둠. 예 육만 칠천 원. 　　한화 삼십일만오원정.
두 말을 잇거나 열거할 때 쓰는 말	국장 겸 과장 열 내지 스물 책상, 걸상 등 사과, 배, 귤 등등 부산, 광주 등지	두 말을 이어 주거나 열기할 적에 쓰이는 일부 표현들은 띄어 쓺. 예 겸, 내지, 대, 및, 따위, 등, 등등, 등속, 등지, 또는, 혹은…
단음절 단위가 이어진 경우	한 잎 두 잎(원칙) 물한 병 (X)	단어별로 띄어 쓰는 원칙을 적용함.

3. 보조 용언

- 보조 용언은 띄어 씀을 원칙으로 한다.

구분	사례	비고
보조 용언	• 올 듯하다 • 할 만하다 • 될 법하다 • 올 성싶다 • 아는 체하다	'관형사형 + 보조 용언(의존 명사 + '-하다/싶다')' 구성은 띄어 씀. 예 올듯하다 → 올 듯하다 단, 의존 명사 뒤에 조사가 붙으면 띄어 씀. 예 잘난 체를 하다
	• 꺼져 가다 • 막아 내다 • 마셔 버리다	'본용언 + '-아/어' + 보조 용언' 구성은 띄어 씀. 예 꺼져가다 → 꺼져 가다
	• 하고 싶다 • 하고 있다	'본용언 + '-고' + 보조 용언' 구성은 띄어 씀.
	• 작은가 싶다 • 먹나 보다 • 갈까 보다 • 힘들겠지 싶다 • 하지 말라	보조 용언 앞에 '-(으)ㄴ가, -나, -는가, -(으)ㄹ까, -지' 등의 종결 어미가 있는 경우는 띄어 씀.
	• 지워지다 • 예뻐하다	'-아지다/어지다'는 붙여 씀. '-아하다/어하다'는 앞말에 붙여 쓰지만, 아래처럼 구에 결합하는 경우 띄어 씀. 예 먹고 싶어 하다(○) / 먹고 싶어하다(X) 예 내키지 않아 하다(○) / 내키지 않아하다(X) 예 마음에 들어 하다(○) / 마음에 들어하다(X)

	• 도와주다,
	  가져다주다,
	  갖다주다
	• 도와드리다,
	  가져다드리다,
	  갖다드리다
		『표준국어대사전』에 따라 붙여 씀.

※ 주의: 위 규정에도 예외가 많으므로 한글 맞춤법을 숙지하고, 사전에서 확인해서 교정함.

제2절 의미/내용/맥락에 따른 정제

제1항 탈자

- 문맥의 의미를 고려했을 때 빠진 글자가 있다고 판단되는 경우 빠진 부분을 적절히 추가, 보완할 수 있다. 단, 구어 텍스트는 생략이 잦은 구어의 특징을 고려하여 추가 여부를 신중히 판단해야 한다.

정제 전	정제 후
색감도 **살있고** 너무 마음에 들어.	색감도 **살아 있고** 너무 마음에 들어.
럭비도 배구처럼 **비디판독** 들여와야 하지 않을까?	럭비도 배구처럼 **비디오 판독** 들여와야 하지 않을까?

제2항 문맥과 의미에 따른 정확한 표기와 표현

- 아래 사례와 같이 동일하거나 유사한 형태는 문맥상 의미에 맞게 사용되었는지 확인하고 수정한다.

• 결제/결재	• 일 일(하루)/일일(초하루)
• 어떻게/어떡해	• 한번(시도)/한 번(1회)
• 들르다/들리다	• 한잔(간단하게)/한 잔(1잔)
• 붙이다/부치다	• 이따가/있다가
• 안되다/안 되다	• 반드시/반듯이
• 못하다/못 하다	• (으)로서/(으)로써
• 잘하다/잘 하다	• -던/-든
• 그러고 나서/(그림을) 그리고 나서	• -데/-대

제3항 비문 및 내용 오류 문장

구분	내용
비문	• 조사, 어미, 높임, 시제, 어순, 접속, 호응 등 문법적으로 맞지 않아 문장이 성립되지 않는 텍스트를 수정하거나 삭제함. • 간단한 오탈자 수정이나 교열로 해결되지 않는 심각한 비문으로서 의미 파악이 전혀 안 되는 문장은 논의하여 결정함. 예 이후 천만이 든 배우를 성공하였다.
내용 오류	비문이나 오탈자는 아니나 상식적으로 사실이 아니거나 논리적으로 모순된 내용이 있으면, 원시 데이터의 앞뒤 맥락 정보를 참고하거나 외부 관련 기사 등을 참고하면서 논의하여 결정함.

제3절 개인 정보 및 비윤리적 내용 처리

제1항 개인 정보 비식별화

- 민감하거나 굳이 드러낼 필요가 없는 개인 정보는 삭제한다. 예컨대, 전화번호, 동 아래 상세 주소, 이메일, 아이디, 비밀번호, 고유 식별 번호, 은행 계좌 정보 등은 삭제한다.
- 일반인이 아닌 공인·유명인·역사 인물·예술 작품의 등장인물, 그리고 기관명·기업명·상표명 등은 기본적으로 그대로 둔다. 일반인 이름을 가려야 할 경우, 신문 기사에서는 '김 모 씨'처럼 '성 + 모 + 씨'로 처리하고(원문에 '김 씨'로 나오면 그대로 둔다). 흔한 외국인의 이름이거나 구어체에서 특정인임을 파악할 수 없을 경우 그대로 둘 수 있다.
- 숨김표 OO나 XX 등으로 표시된 경우, 앞뒤 텍스트의 문맥을 고려하여 적절한 어휘나 대명사 또는 대용 표현으로 수정하고, 그것이 어려운 경우 맥락에 따라 삭제할 수 있다.

제2항 비윤리적 내용 포함 문장 처리

- 표면적 표현이 아닌 필자와 화자의 의도 및 맥락을 고려하여 윤리적으로 부적절하다고 판단되는 원문의 일부 또는 전체를 적절하게 수정하거나 삭제한다. 정도성에 따라 정제자가 직접 처리하거나 정제팀 내에서 논의하여 정제한다.
- 윤리적 판단은 개인마다 다를 수 있으므로 불확실한 경우 다른 사람과 논의해야 한다. 예컨대 아래의 예는 혐오를 조장하는 것이 아니라 비윤리성을 비판하는 맥락이므로 허용될 수 있다.
  - 예) 흑인이라 싫고 아시안이라 싫고 그런 식으로 말할 거면 세상 혼자 살아야지.
- 비윤리성 판정 기준: 개인이나 집단에 대해 성(gender), 연령·세대, 출신(인종·국가·지역), 신체(장애·질병·외모), 문화(종교·정치) 등의 영역에서 (1) 혐오 표현, (2) 차별 표현, (3) 비난 표현, (4) 기타 비윤리적 표현이 직간접적으로 드러나는 경우 수정하거나 삭제한다.

유형	의미	예시
차별	개인이나 집단이 동등하게 누려야 할 것을 타당한 이유 없이 어떤 개인이나 집단은 누려서는 안 된다거나 불이익을 줘야 한다는 등의 차별을 조장, 강화, 정당화하는 표현	예) 남자가 뭘 이런 걸 가지고 울고 그래?
혐오	어떤 개인이나 집단을 강하게 기피, 증오, 경멸하는 등의 태도가 드러나는 표현	예) 넌 그런 직업 가진 사람이랑 같이 살고 싶냐?
비난(조롱/모독/비방 등)	어떤 개인이나 집단의 잘못 또는 결점을 이유로 부정적으로 규정하고 책을 잡아 나쁘게 말하는 표현	예) 10차선에서 무단횡단이면 자연사
기타	욕설이나 선정적, 폭력적, 범죄 행위를 옹호하거나 정당화하는 표현	예) 그런 놈들은 죽어야지.

제4절 원문 명료화 및 외국어 번역을 고려한 조치

제1항 원문 명료화

- 텍스트가 문장 또는 발화 단위로 나뉘어 제공되면서 맥락 정보가 부족해짐에 따라 한국어 문장 자체만으로 원문의 의미가 불명확해지거나 정보량이 현저히 떨어지는 경우 앞뒤 문맥 정보를 참고하여 일부 내용을 추가하거나 구체화할 수 있다.
- 문장이 길거나 복잡하여 중의적으로 해석될 여지가 크거나 조사 등이 생략되어 명료성이 떨어질 경우 제한적인 수준에서 내용을 보충하거나 구조를 바꿀 수 있다.

제2항 번역 용이성 제고

- 한국어와 외국어 간 차이를 고려하여 번역이 가능 또는 용이하도록 제한적인 수준에서 원문을 수정할 수 있다. 필요시 번역사나 검수원과 소통한다.
- 예컨대, 통사적으로 필수적인 주어나 목적어 등의 일부 정보를 추가할 수 있다. 단 한국어 원문이 어색해지지 않는 선에서 제한적으로 수정한다.

제3항 용어집 제작

- 『우리말샘』에 등재되지 않았으나 번역 시 참고할 만한 용어는 따로 용어집을 만들어 서로 참조한다. 다만 이는 참조 사항이므로 텍스트의 맥락과 관용에 따라 적절하게 활용한다.

1. 축약어

- 두문자 축약어(예 지방 자치 단체 → 지자체)는 정제하지 않고 원문 그대

로 두되, 자주 쓰이는 사례들은 원래 뜻을 풀어 쓴 자료를 공유한다.
- 『표준국어대사전』에 등재된 구어적 준말(**예** 나는 → 난, 마음 → 맘)은 구어적 맥락에서 사용할 수 있다.

2. 신조어

- 통용되는 신조어는 따로 뜻풀이 용어집을 만들어 번역사와 검수원에게 공유한다.
- 신조어의 표기나 띄어쓰기는 『우리말샘』에 '전문가 감수 정보'로 등재된 경우 그 방식대로 표기하고, 그렇지 않은 경우 원문 형태로 작성한다.
- 빈도수가 낮은 경우, 특정 집단이나 맥락에만 사용되는 경우, 지나친 활용으로 원문 이해와 번역에 지장을 많이 주는 경우 일반적인 표현으로 대체할 수 있다(345쪽 별표 3 참고).

3. 전문 용어

- 번역이 까다롭거나 일관된 번역이 필요하다고 생각되는 분야별 주요 전문 용어의 경우, 뜻풀이와 영어 참조 번역어를 작성하고 공유하여 번역사와 검수원이 참조할 수 있게 한다.

제5절 기타

제1항 텍스트 규모: 어절 수 및 한 문장 여부 확인

구분	정제 방법	비고
어절 수	인공지능의 학습 효율성을 위하여 정제로 인해 3어절 이하로 줄어들 경우, 의미에 영향을 미치지 않는 수준에서 4어절 이상으로 바꿈.	띄어쓰기가 바뀌면 어절 수가 달라지므로 띄어쓰기 먼저 교정함.
여러 문장/발화의 처리	• 본 사업은 기본적으로 문장 단위로 병렬 말뭉치를 구축하므로 원문이 두 문장 이상으로 판단되는 경우, 의미와 맥락에 영향을 주지 않는 선에서 한 문장으로 바꿈. '-(으)ㄴ데/는데, -(으)니까, -(으)ㄹ 테니' 등의 연결 어미로 연결할 수 있으며, 부자연스러우면 일부를 삭제하여 한 문장으로 만듦. • 문장을 수정하거나 여러 문장 중 하나를 고를 때, 기존 문장과 너무 유사해지지 않도록 다양성을 고려함. • 구어체 발화의 경우, 문두나 문미에 있는 짧은 감탄사(예 아, 와, 뭐, 그래, 응, 네, 아니요)나 짧은 인사(고마워, 안녕) 등이 앞뒤 말과 자연스레 이어지면 쉼표를 붙이고 그대로 둘 수 있음. 단, 해당 성분이 맥락상 동떨어진 내용이거나 너무 긴 경우, 혹은 전체 발화에 휴지가 두 개 이상인 경우 일부를 삭제하거나 자연스럽게 연결하여 한 발화처럼 만듦.	판단이나 처리가 힘든 경우 정제팀 내에서 논의하여 결정함.

> **예** 네, 좋아요, 친구한테 그렇게 말할게요. (X) → 네, 친구한테 그렇게 말할게요. (O)
- 구어체에서 도치된 문장은 한두 어절의 짧은 단어나 구는 그대로 둘 수 있으나(쉼표 처리), 그 외에는 일반적인 어순으로 고침.
  > **예1** 진짜 맛있더라고, 그 김밥. (O)
  > **예2** 다양한 방법들이 있지, 일회용품 안 쓰기 등. (X)
  > → 일회용품 안 쓰기 등 다양한 방법들이 있지. (O)
- 구어체에서 명사로 끝난 경우, 원문 이해나 번역에 지장이 없으면 그대로 둘 수도 있으나 그렇지 않을 경우 일반적인 종결 어미를 붙여서 끝맺음.

제2항 문장 부호와 특수 문자

- 문장 부호는 한글 맞춤법을 따르되 실제성을 고려하여 허용된 용법을 적용할 수 있으며, 규정에 명시되지 않은 관례적 용법도 허용한다.
- 텍스트 데이터의 끝이 마침표나 물음표, 느낌표로 끝나도록 수정한다.
- 줄임표(…)는 마침표 3개로 인식될 수 있으므로 문장 내에서는 쉼표, 문장 끝에는 마침표 1개로 바꾼다. 맥락상 꼭 필요한 경우 줄임표(…)가 하나의 특수 문자(U+2026)로 구현된 것을 찾아서 사용한다.
- 특수 문자(@, # 등)는 기본적으로 삭제하되, 맥락상 필요한 경우 또는 원문 이해나 번역상 필요하다고 판단될 경우 그대로 둘 수 있다.

제3항 인용문과 따옴표 처리

1. 문맥을 통해 직접 인용인지 간접 인용인지를 파악하여 아래와 같이 처리한다.

- 직접 인용은 큰따옴표로 묶고 인용문 뒤에 '라(고), 라(며), 라(는)' 등으로 연결한다. 만일 작은따옴표로 묶이거나 '고, 며' 등으로 연결됐을 경우 적절히 수정한다.

    예 교정 전: 그는 '음식이 맛있네요.'라고 말했다.
    교정 후: 그는 "음식이 맛있네요."라고 말했다.

- 간접 인용은 '-고, -며' 등으로 연결한다. 이때 인용되는 부분을 작은따옴표로 묶어 명료성을 높일 수 있다.

    예 교정 전: 그는 "음식이 아주 맛있다"고 했다.
    교정 후: 그는 '음식이 아주 맛있다'고 했다.

- 신문 기사 등에서 인용되는 부분이 직접 인용인지 간접 인용인지 불확실할 경우, 간접 인용으로 처리한다.

    예 교정 전: 경찰은 "현재 연기가 많아 현장 감식이 어렵다"고 덧붙였다.
    교정 후: 경찰은 '현재 연기가 많아 현장 감식이 어렵다'고 덧붙였다.

2. 문장에 내포된 인용문에 한해 두 문장 이상을 허용한다.

    예 나는 친구에게 "알겠다니까. 그만 좀 해."라고 투덜거렸다.
    → 전체 한 문장으로 보고 허용

3. 문장 전체가 인용이거나 따옴표로 묶인 경우, 따옴표를 삭제한다.

    예 "만화·애니메이션을 좋아하는 모든 이들과 함께한 결과 서울 국제 만화 애니메이션 페스티벌(SICAF)이 아시아를 대표하는 애니메이션 영화제로 성장했다."
    → 큰따옴표 삭제

4. 따옴표를 삭제했을 때 한 문장으로 정제되지 않는 경우, 원문을 연결하거나 한 문장만 남긴다.

    예 "손흥민입니다." "손흥민이 단독으로 드리블해 나갑니다." "세상을 놀라게 할 장면입니다." "월드 클래스." "완벽하게 아름다운 골이 아시아 축구 연맹 올해의 선수인 손흥민에게서 나옵니다."

→ 완벽하게 아름다운 골이 아시아 축구 연맹 올해의 선수인 손흥민에게서 나옵니다.

제4항 주제 세부 분야 조정

- 각 문장의 내용과 그에 배정된 주제(세부 분야)의 연관성을 확인하여 서로 맞지 않을 경우, 본 사업 계획상 구성에 따라 조정할 수 있다. 단, 세부 분야는 공유하는 상위 분야 내에서만 변경할 수 있다. 세부 분야가 배정되지 않았다면 적절한 주제로 배정한다.

  예 아래 2차 사업의 영역에서 세부 분야가 '외교'인 경우 '정치' 분야 아래 '북한·국방'으로 바꿀 수 있으나 사회 분야의 세부 분야인 '기획 취재'로 변경할 수 없다.

문어체			구어체		
분야	구성 비율	세부 분야	분야	구성 비율	세부 분야
정치	10%	외교	일상	25%	일반
		북한·국방		40%	식음료
		국회			쇼핑
사회	45%	기획 취재			여가와 오락
		법원			여행
		검찰		35%	건강과 미용
		사건·사고			대인 관계
		일반			일과 직업
문화·연예	45%	문화			교육
		여행·레저			전문 분야
		스포츠			

제6절 참고 자료

- 국립국어원(2021). 공공언어 감수 전문가 양성을 위한 지침서(주교재 및 부교재).
- 남길임 외(2021). 2021년 맞춤법 교정 말뭉치 연구 분석. 국립국어원 연구 보고서.
- 부산대·㈜나라인포테크 한국어 맞춤법/문법 검사기

  http://164.125.7.61/speller
- 옥스퍼드 영어 사전

  https://www.oed.com/
- 외래어 표기 용례 검색

  https://kornorms.korean.go.kr/example/exampleList.do
- 우리말샘 사전

  https://opendict.korean.go.kr
- 표준국어대사전

  https://stdict.korean.go.kr
- 한국어 어문 규정

  https://kornorms.korean.go.kr

별표 1 『표준국어대사전』에 구어체로 제시된 사례

※ 구어체 데이터나 구어적 맥락의 텍스트에서는 아래와 같이 『표준국어대사전』에 등재된 구어적 형태 사용을 허용한다.

구어체	문어체	비고
거	것	'꺼'는 인정하지 않음.
거	거기	
고거, 요거, 조거	그것, 이것, 저것	
그거, 이거, 저거	그것, 이것, 저것	
그거참	그것참	
그딴, 이딴, 저딴	그따위, 이따위, 저따위	
네깐	네깟	
머	뭐	'모'는 인정하지 않음.
뭔	무슨	
별거	별것	
아무거	아무것	
-길래	-기에	
-남	-난 말인가	

별표 2 혼동하기 쉬운 한 단어 사례

한 단어	한 단어 아닌 예
지난날, 지난달, 지난밤, 지난번, 지난적, 지난주, 지난해, 지난봄, 지난여름, 지난가을, 지난겨울 등	지난 일, 지난 세월
다음번, 다음날, 다음다음 등	다음 주, 다음 달, 다음 해 *이 단어들은 『고려대 한국어 대사전』에 한 단어로 등재되었으나 『표준국어대사전』에 따라 띄어 씀.
이것저것, 여기저기 등	
바로바로, 그때그때 등	
물어보다, 여쭤보다, 알아보다, 찾아보다, 굽어보다, 내다보다, 넘겨보다, 돌아보다, 둘러보다, 맡아보다, 몰라보다, 바라보다, 살펴보다, 새겨보다, 지내보다, 지켜보다, 쳐다보다, 훑어보다 등	
평상시, 비상시, 유사시, 필요시 등	사용 시, 비행 시, 미수료 시
하루하루, 하루빨리, 하루속히, 하루아침	하루 종일 좋아, 좋아.
빨리빨리, 너무너무, 그래그래 등	
찾아가다, 찾아내다, 찾아오다, 찾아보다, 찾아뵈다, 찾아뵙다 등	
가져가다, 간혹가다, 건너가다, 걸어가다, 나아가다, 날아가다, 내려가다, 넘어가다 등	
상관없다, 관계없다, 문제없다, 다시없다 등	관련 없다, 필요 없다
함께하다, 같이하다 등	
가져가다, 가져다주다, 가져다드리다 등	

한 단어	한 단어 아닌 예
아무거, 아무것 등	아무 데
보람차다, 희망차다, 활기차다, 옹골차다 등	가득 차다
큰코다치다, 남부끄럽다, 보잘것없다 등	

별표 3 기타

※ 아래 구어체는 비규범적 변형, 특정 집단의 은어, 개인적 언어 표현 등이어서 원문 이해나 번역에 부적합한 항목들이므로 교정한다.

교정 전	교정 후	비고
컴터	컴퓨터	
괜찮?	괜찮아?	
고오오급	고급	
겸둥	귀염둥이	
내가 했삼	내가 했어.	
알앗웅	알았어.	
이따 학칼에서 봐~	이따 학교 앞 칼국숫집에서 봐.	

참고 문헌

국립국어원. (2018). **한국 어문 규정집**(한글 맞춤법, 표준어 규정, 외래어 표기법, 로마자 표기법). 국립국어원.

국립국어원. (2021). **공공언어 감수 전문가 양성을 위한 익힘책**. 국립국어원.

국립국어원. (2021). **공공언어 감수 전문가 양성을 위한 지침서**. 국립국어원.

김수지, 권태우, 서지은, Stevani. (2020). **인도네시아어 전문용어 400개** [데이터 세트]. 인도네시아문화원. http://indonesia21.net/bbs/board.php?bo_table=notice&wr_id=74

남길임 외. (2021). **2021년 맞춤법 교정 말뭉치 연구 분석**. 국립국어원.

문화재청. (2019). **문화재명칭 영문표기 기준 규칙**. 문화재청 예규 제213호(2019. 11. 15. 전부개정).

문화체육관광부. (2021). **공공 용어의 외국어 번역 및 표기 지침**. 문화체육관광부 훈령 제448호(2021. 7. 22. 일부개정).

아바소바 딜푸자. (2021). **우즈베크어 · 한국어 번역에 나타난 복합문의 특성 연구**. 계명대학교 대학원 박사학위 논문.

콘체비치 체계. (2022. 2. 5.). 위키백과. https://ko.wikipedia.org/wiki/%EC%BD%98%EC%B2%B4%EB%B9%84%EC%B9%98_%EC%B2%B4%EA%B3%84

Almario, V. (Ed.). (2010). *UP Diksiyonaryong Filipino* (2nd ed). UP-SWF.

Almario, Virgilio S. (Ed.). (2014). *KWF manual sa masinop na pagsulat*. Komisyon sa Wikang Filipino.

Bộ Giáo dục và Đào tạo. (2003). *Quyết định về việc ban hành quy định tạm thời về viết hoa tên riêng trong sách giáo khoa*. Quyết định 07/2003/QĐ-BGDĐT của Bộ Giáo dục và Đào tạo(13/03/2003).

Bộ Giáo dục và Đào tạo. (2018). *Quyết định về ban hành quy định về chính tả trong chương trình, sách giáo khoa giáo dục phổ thông*. Quyết định 1989/QĐ-BGDĐT do Bộ Giáo dục và Đào tạo ban hành(25/05/2018).

Bộ Giáo dục. (1984). *Quyết định về chính tả tiếng Việt và thuật ngữ tiếng Việt*. Quyết định 240/QĐ(05/03/1984).

Chính phủ. (2020). *Nghị định về công tác văn thư*. Nghị định số 30/2020/NĐ-CP của Chính phủ(05/03/2020).

Malicsi, J. C. (2013). *Gramar ng Filipino*. Sentro ng Wikang Filipino, Unibersidad ng Pilipinas-Diliman.

O'zbekiston Respublikasi Vazirlar Mahkamasi. (1995). *O'zbek Tilining Asosiy Imlo Qoidalarini Tasdiqlash haqida*. O'zbekiston Vazirlar Mahkamasining 339-sonli qarori (1995-yil 24-avgust). https://lex.uz/docs/-1625271

Pemerintah Republik Indonesia. (1988). *Kamus Besar Bahasa Indonesia* (KBBI). https://kbbi.kemdikbud.go.id/

Pemerintah Republik Indonesia. (2022). *Ejaan Bahasa Indonesia* (EYD V). https://ejaan.kemdikbud.go.id

Pemerintah Republik Indonesia. (2022). *Padanan Istilah* (PASTI). https://ejaan.kemdikbud.go.id

Schachter, P., & Otanes, F. T. (1972). *Tagalog Reference Grammar*. University of California Press.

केंद्रीय हिंदी निदेशालय. (2019). *देवनागरी लिपि तथा हिंदी वर्तनी का मानकीकरण*. केंद्रीय हिंदी निदेशालय.

ราชบัณฑิตยสถาน. (2005). *หลักเกณฑ์การใช้เครื่องหมายวรรคตอนและเครื่องหมายอื่น ๆ หลักเกณฑ์การเว้นวรรค หลักเกณฑ์การเขียนคำย่อ* (พิมพ์ครั้งที่ 6). ฉบับราชบัณฑิตยสถาน.

ราชบัณฑิตยสถาน. (2005). *หลักเกณฑ์การทับศัพท์ภาษาเกาหลี และภาษาเวียดนาม*. ฉบับราชบัณฑิตยสถาน.

ជួន ណាត. (1967). *វចនានុក្រមខ្មែរ* (បោះពុម្ពលើកទី៥). ពុទ្ធសាសនបណ្ឌិត្យ.